중국 운하에서 살아가기

선민船民의 삶과 인지체계

이 저서는 2019년 대한민국 교육부와 한국연구재단의 지원을 받아 수행된 연구임
(NRF-2019S1A6A3A02102843)
This work was supported by the Ministry of Education of the Republic of Korea
and the National Research Foundation of Korea (NRF-2019S1A6A3A02102843)

중국관행
연구총서
022

중국 운하에서
살아가기

선민船民의 삶과 인지체계

류자오후이劉朝暉 지음

장정아 · 안치영 · 황옌 · 리페이 · 이용운 · 쉐거 옮김

인천대학교 중국학술원 중국 · 화교문화연구소 기획

ⓑ 인터북스

한국의 중국연구 심화를 위해서는 중국사회에 강하게 지속되고 있는 역사와 전통의 무게에 대한 학문적·실증적 연구로부터 출발해야 한다. 역사의 무게가 현재의 삶을 무겁게 규정하고 있고, '현재'를 역사의 일부로 인식하는 한편 자신의 존재를 역사의 연속선상에서 발견하고자 하는 경향이 그 어떤 역사체보다 강한 중국이고 보면, 역사와 분리된 오늘의 중국은 상상하기 어렵다. 따라서 중국문화의 중층성에 대한 이해로부터 현대 중국을 이해하고 중국연구의 지평을 심화·확대하는 연구방향을 모색해야 할 것이다.

이러한 문제의식에서 우리 인천대학교 중국학술원 중국·화교문화연구소는 10년간 근현대 중국 사회·경제관행에 대한 조사와 연구를 수행하면서, 인문학적 중국연구와 사회과학적 중국연구의 독자성과 통합성을 조화시켜 중국연구의 새로운 지평을 열고자 했다. 그리고 이제 그동안 쌓아온 연구를 기반으로 새로운 단계에 접어들어 「중국적 질서와 표준의 재구성에 대한 비판적 연구」라는 주제로 인문한국플러스사업을 수행하고 있다.

이 책은 중국의 문화인류학자가 약 4년간 중국 대운하에서 살아가는 선민船民에 대해 수행한 현지조사의 결과물로서, 운하 선민에 대

5

한 관점과 정의, 선민의 생활세계와 생산·생활 공간, 운하 물 환경에 대한 정부의 관리정책과 선민의 인식, 선민이 나름대로 지니는 지식체계의 역사적 변화, 그리고 선민의 생애사와 집단기억에 대한 내용을 담고 있다. 국내에는 중국 운하에 대해 조영헌 교수의 책들 그리고 경항대운하에 대한 번역서를 제외하면 책이 거의 없는 실정에서, 운하 위 선민들의 삶에 밀착하여 조사한 이 민족지적 연구서가 여러 분야의 연구자들에게 도움이 되길 바란다.

『중국관행연구총서』는 인천대학교 중국·화교문화연구소가 인문한국사업 10년에 이어 이제 3년째 접어든 인문한국플러스사업을 수행하며 장기간 여러 연구자가 머리를 맞대고 공동으로 연구한 성과물로서, 그동안 중국 철도, 동북지역의 상업과 기업, 토지와 민간신앙, 중국의 촌락, 계약문서를 통해 본 중국의 가정과 토지거래관행, 그리고 화교의 삶과 역사 등 다양한 주제에 대해 연구서를 냈고, 『제국일본과 화교: 일본·타이완·조선』, 『외면당한 진실』, 『근대중국 동북지역사회와 민간신앙』, 『베트남, 왜 지금도 호치민인가』, 『중국의 변강정책과 일대일로』 등의 번역서도 꾸준히 발간했다. 앞으로도 꾸준히 낼 우리의 성과가 차곡차곡 쌓여 한국의 중국연구가 한 단계 도약하는 데 일조할 수 있기를 충심으로 기원한다.

2022년 5월
인천대학교 중국학술원 중국·화교문화연구소
(인문한국플러스사업단)
소장 (단장) 장정아

우리 속 타자

배는 교통수단이지만 자동차와 다르다.
왜냐하면 배는 집이기 때문이다.
운하에서 살아가는 선민이 배와 운하에 대해 품는 감정과 이해는
차와 도로에 대한 운전자의 감정과 결코 같을 수 없다.
– 어느 선민 후예의 이야기

  운하에서 살아가는 선민船民에 대한 조사연구를 시작하게 된 개인
적 동기의 출발점은 '궁금함'이었다. 2015년 가을 어느 날 항주杭州의
공신교拱宸橋에 서서 운하를 오가는 배를 보고 있으려니 양안의 관광
객들이 쉴 새 없이 사진을 찍어도 바삐 움직이는 선민들은 전혀 개의
치 않았고, 가끔 카메라가 자신을 비추면 어떤 여성 선민들은 몸을
피하곤 했다. 밤낮으로 운하를 오가는 선민들은 어디서 와서 어디로
가는가. 그들은 배에서 어떻게 생활하는가. 그들은 어디에서 온 사람
들이며 어떻게 이 일을 하게 되었을까. 내가 관광객들에게도 운하
주변 주민들에게도 운하 관리자들에게도 이런 질문을 던지면 그들은
거의 모두 '잘 모르겠다'고 답했다.

'잘 모르겠다'는 답은 더 높은 등급의 국가 그리고 유네스코에서도 마찬가지였다. 2014년 6월 중국 대운하가 세계문화유산에 등재되었는데, 항주시에서부터 절강성 그리고 운하 연변의 다른 도시들이 제출한 등재신청서 그리고 국가에서 최종적으로 제출한 '세계유산 등재신청서'를 내가 아무리 뒤져보아도 운하 선민에 대해서는 '그림자'도 찾아볼 수 없었다. 세계문화유산인 중국 대운하가 모든 중국인과 연관되어 있다면 운하로 먹고 사는 운하 선민이 가장 가까운 사람일 터인데, 왜 유산 등재 속에서 운하 선민은 잊혀진 '타자'가 되었을까? 이에 대해 현실을 정확하게 조사연구하지 못한 상태에서 아무리 거창한 이론을 내놓은들 모두 창백하고 허약한 해석일 뿐이다.

우리는 우리 옆에서 살아가는, 우리 안의 이 '타자'를 알아야 한다. 2015년부터 지금까지 우리 연구진은 운하 선민들을 따라 남쪽부터 북쪽까지, 물위에서부터 육지까지, 배에서부터 마을까지, 현실 생활 현장에서부터 온라인의 사이버 공간까지 '쫓아다녔다'. 우리는 옛 선민들과 새로 유입된 선민들을 모두 인터뷰하고 선창船窓 생활을 체험하고 선민의 역사를 조사하며 운하 선민의 모든 것을 포괄적으로 이해하고자 노력했다. 안타깝게도 2020년 2월 코로나19가 발생한 후에는 더 이상 배에 가서 함께 할 수 없게 되었지만 우리는 그동안 관계를 맺은 많은 선민들과 위챗WeChat 등의 방법으로 계속 대화를 주고받았다. 이 책에 담겨 있는 나와 우리 연구진의 연구결과는 2015년부터 2018년까지 이뤄진 조사연구의 일부를 보여주는 것이다.[1] 그 후에

---

1 조사연구에 참여한 사람들은 다음과 같다: 熱都爾爾汗·亞森(迪娜), 李雯雯, 張崇, 張煜, 陳璐, 金志林, 拉敏, 莊贇卿, 趙嫣, 徐達, 馬慶凱.

도 우리는 계속 운하에서 다양한 연구를 하면서 대운하 문화벨트 건설과 대운하 국가문화공원 연구에로 확장해 나갔고, 그러면서 다시 이 책의 내용을 돌아보니 다행히도 이 내용들은 단지 '한물간' 과거의 내용이 아니라 상당 부분 지금도 유효하고 의미 있는 내용이라 할 수 있다.

나는 운하 선민에 대한 연구가 가지는 이론적·현실적 함의에 대해 계속 깊이 고민해 왔다. 문화유산 연구자로서 개인적으로는 기존 문화유산 이론의 한계를 뛰어넘는 서술의 틀을 운하 선민 연구를 통해 만들어내고자 노력하고 있고, 다른 한편 오랜 기간의 문화인류학적 연구를 통해 인간과 사물 간의 얽힘entanglement에 대해 탐구하면서 자아와 타자 간의 이원적 대립을 극복하고 풍부한 '다원사회의 공동체' 형성 메커니즘을 제시하고자 한다. 선민에 대한 연구결과가 단지 현대 중국의 대운하 국가문화공원 건설에 그저 '활용'되기만 한다면 그것은 '속물적 실용주의'나 다름없다. 민족과 국가의 시각을 넘어 다양한 문명이 서로를 참조하며 배우는 데, 그리고 '문화유산의 정치학'에 대한 대화식對話式 담론 형성에 이 문화기술적 민족지ethnography가 기여하기를 희망한다. 그럼으로써만 우리는 학문과 실천을 아우르고 자아와 타자를 모두 껴안는 새로운 패러다임을 만들어나갈 수 있을 것이다.

류자오후이

2022.03.08

목차

I

운하 선민船民을 어떻게 볼 것인가

2015년 10월 필자는 항주시杭州市 경항대운하 항주 구간 종합보호
센터京杭運河杭州段綜合保護中心(이하 '종합보호센터'로 약칭함)의 의뢰
를 받아, '세계문화유산 등재 이후 중국대운하 항주 구간 문화유산
보호연구後遺産時代中國大運河杭州段遺産保護研究'라는 과제를 수행했
다. 이 과제는 경항대운하 항주 구간 문화유산의 종합적 보호에서
나타나는 문제점에 초점을 맞추어, 문화유산 보호의 목표와 가치, 주
체와 메커니즘, 그리고 문화유산 보호와 지역사회의 관계 등에 대한
조사 연구를 수행함으로써, 세계문화유산으로 등재된 후 어떻게 운
하를 보호해야 할지에 대해 전략적 정책을 제시하는 것이었다. 나는
이 과제를 수행하면서 각급 정부 정책문건의 수집과 현지조사를 병
행했고, 대운하 항주 구간 세계문화유산에 등재된 5개의 구간과 6곳
의 유적지에 대해 일일이 현지조사를 수행했다. 현지조사를 하면서
나와 우리 연구진은, 대운하 항주 구간의 항로에 무수한 배들이 매일

왕래하고 있음에도 불구하고 그 배들을 탄 선민들의 삶과 일상이 알려지지 않고 있다는 것을 발견하고 아쉬움을 느꼈다.

절강浙江성 관내의 대운하 구간 중에서 항주당杭州塘 구간, 강남운하 항주 구간江南運河杭州段, 상당하上塘河 구간, 항주 중하杭州中河~용산하龍山河, 절강 동부운하浙東運河 주선 등의 구간에선 지금도 여전히 배가 다니고, 바로 이들 운하 구간이 선민들이 활동하는 주된 지역이다. 선민들은 배를 일터로 삼으면서 삶을 영위하는 공간으로 사용하기도 한다. 이렇게 형성된 '선민 사회' 현상은 우리가 운하 유산을 살아있는 상태로 보호하는活態保護 데 있어서 헤아릴 수 없이 큰 가치를 지닌다. 대운하 위에서 살아가는 선민들은 문화유산으로서의 대운하를 어떻게 생각하는지, 이들의 일상적 실천은 문화유산의 보호와 전승 활용에 어떤 영향을 미치는지, 그리고 국가적인 문화유산보호 사업에 선민들이 참여할 수 있는 방식은 무엇인지 등의 문제에 대해 우리는 답해야 한다고 생각한다.

종합보호센터 관원들과 함께 이런 논의를 하자 그들은 필자의 연구 구상에 대해 긍정적으로 평가했고, 엄격한 과제 신청 절차 및 심사 평가를 거쳐 필자는 '항주운하 선민연구'라는 주제로 종합보호센터가 지원하는 '포스트-문화유산 시대 중국대운하(항주 구간) 유산보호연구' 과제를 맡게 되었다. 이 책은 위의 과제연구 내용 중에서 문화유산 관련 내용보다는 선민의 일상생활과 생계방식 사회관계 계층 정체성의 재구성에 초점을 맞추어 집필한 민족지ethnography이다. 이 책에는 문화유산과 관련된 내용을 많이 포함시키진 않았지만 나는 세계문화유산 등재 이후 대운하의 문화유산 보호에 있어서 선민이 중요한 주체가 되어야 하며, 이들의 일상생활과 작업방식이 가지는 문화적 가치가 바로 대운하 보호의 중요한 일환이 되어야 한다고 생각한다. 선민의 일상생활은 '살아있는 유산'이다. 과거 조운漕運의 조공漕工과 현대 선민 간의 역사적인 연결성에 대한 재조명을 통하여 문화유산의 역사적인 가치를 정리할 수 있고, 현대 선민과 문화유산의 관계 및 참여방식을 모색할 수 있으며, 대운하 유산과 가장 밀접한 관계를 유지하며 살고 있는 선민은 바로 대운하 유산 보호의 가장 중요한 행위주체가 되어야 하는 것이다.

2017년 7월 13일 '항주 운하 선민연구' 과제가 본격적으로 시작되었다. 이 때부터 4개월 동안 현장에서 현지조사를 수행하면서 우리 연구진은, 우리의 생각과 달리 선민들이 대운하에 대해 문화적 친밀성을 그다지 강하게 가지지 않는다는 점을 발견하게 되었다. 이들 시선으로 바라보는 대운하는 수송을 통해 더 많은 재물을 가져다줄 수 있는 도구의 의미가 컸다. 그러나 연령대가 높고 이미 은퇴한 선민들 그리고 여전히 뱃일을 하는 중장년 세대 선민의 경우에는 운하에 대해 좀 더 많은 역사적 기억과 감정을 가지고 있었다. 그리고 운하 수질 보호에 대해 자기 나름의 생활 오수 처리방식을 갖고 있었고, 운하 연안의 제방과 교량 보호에 대해서도 자기 나름의 인식과 보호방식을 가지고 실천하고 있었다.

현지조사를 하며 발견한 또 다른 주목할 만한 점은, 선민이라는 집단과 다른 집단 사이의 '사회적 장벽'이 여전히 존재하고 있다는 점이었다. 1949년 중화인민공화국 수립과 함께 이뤄진 '해방'으로 천민 신분이 폐지되면서 선민들은 근대 국민 신분을 얻었고, 1950년대 초반의 '공사합영公私合營' 정책을 통해 '노동자계급工人階級'이라는 사회주의 사회의 주인공으로 변화하였다. 이들의 개인적 삶의 역정에서는 선민이라는 신분의 구성원 자격이 변화되는 사례들을 빈번히 볼 수 있었지만, 과거와 마찬가지로 주변화되고 사회적 권리가 부재한 공동체로서의 선민 사회는 사라지지 않았다. 그리고 선민의 소득이 크게 높아졌음에도 불구하고, 선민 사회 구성원으로서의 정체성, 사회관계망의 구성, 생활방식 등 여러 면에서 선민들은 '육지 사람들'과 여전히 큰 괴리가 있었다. 이러한 선민 사회와 다른 인간집단 간의 사회적 장벽은 단지 배와 육지라는 삶의 지리적 공간의 차이 또는 역사와 전통문화의 관행으로는 충분히 설명하기 어렵다.

일 년 내내 '배를 집으로 삼아 배로 먹고 사는' 선민들은 왜 대운하에 대해 문화적 친밀성이 강하지 않을까? '해방'과 '공사합영'과 시장화 개혁은 왜 선민 사회와 다른 인간집단 사이의 견고한 장벽을 무너뜨리지 못하고, 선민의 사회 유입과 사회적 이동을 실현하지 못했을까? 이렇게 계속 유지되는 초超안정구조 현상을 어떻게 바라보아야 할까? 이것이 우리가 연구과정 내내 품고 있던 질문이다. 나는 이 책에서 '살아있는 사람活人'과 '살아있는 물活水'에 대한 민족지적 연구를 통해, 선민 사회와 기타 인간집단 간의 관계, 대운하 환경보전 등의 측면에서 선민과 주류 사회 간의 사회적 장벽과 경계가 어떻게 형성되어 왔는지를 밝히고자 하였다. 이 장벽에는 다음과 같은 세 가지가 있다: 첫째, 선민의 경제적 지위가 상승하되 그들의 사회적 교류와 생활방식과 정체성이 고정되면서 '주변화'됨으로써 '신분적 장벽'이 생겨났다; 둘째, 운하 위에서 생존하는 이들의 작업환경과 작업방식으로 인해 육지 사회와 '공간적 장벽'이 생겨났다; 셋째, 선민의 생활 실천이 유산 보호 담론에서 배제됨으로써 '담론의 장벽'이 생겨났다.

이 책에서는 현대 운하 선민의 생활세계와 종교신앙, 생활방식과 민속문화, 사회적 관계를 살펴볼 것이며 구술사 내용도 함께 담았다. 우리는 크게 두 가지 주제에 초점을 맞추었다.

첫째, 선민이라는 사회계층의 구성. 여기에는 다음의 세 가지가 포함된다.

가) 선민의 사회적 역할과 계층 구성. 즉 선민의 출신지, 교육, 혼인가정, 항운업 종사 기간, 직업보장 그리고 세대교체 등의 측면에서 가지는 차이와 경향성에 대한 연구

나) 선민의 생계모델과 가정경제. 선박의 소유권 및 사용권 등 재산권 상황과 가정 자산, 선박운행 수입과 그 외의 경제적 수입, 노동에 대한 보호나 복지 등의 직업보장 측면에서, 예전의 선민들 중 선민을 그만둔 이들과 현재의 선민들에 대한 조사

다) 선민의 직업형태와 사회관계망. 선민의 직업형태와 사회적 관계, 직업 만족도, 타업종 취업 의사, 항운업에 들어오게 된 원인, 교육 수준, 사회관계망, 자신의 경제적 위상과 사회신분에 대한 자기인식 측면에서 다른 세대, 다른 지역, 다른 직업신분을 가진 선민들과의 차이에 대한 조사

둘째, 운하의 환경보호. 여기에는 다음의 두 가지가 포함된다.

가) 선민의 환경보호 의식. 서로 다른 세대의 선민간에 운하 환경에 대한 기억과 감정 그리고 환경변화에 대한 인식 차이가 있는지 조사한다.

나) 운하 환경 관리와 선민의 참여. 선민의 시각에서 운하 환경보호 이념과 실제 행동을 어떻게 바라보는지 살펴보고, 중앙과

지방정부의 운하 환경관리정책에 대해 선민이 보이는 반응과 행동을 조사한다.

   그리고 운하 유산에 대한 선민의 인식도 우리 연구진은 함께 조사했지만, 이 책에는 전면적으로 포함시키지는 않았고 조금씩 언급될 것이다.[1] 이러한 연구내용을 통해 나는 다음과 같은 연구목표를 실현하고자 했다. 첫째, 본 연구는 현대 선민의 생산과 생활에 대한 전면적 총체적 연구와 서술을 제공하여 선민 집단에 대한 사회적 이해도가 높아지도록 만든다. 둘째, 본 연구는 선민에 대한 실증연구를 통해 경제적 변화, 생산방식과 생활방식, 전통문화와 지리적 공간 등의 요소가 선민의 '사회적 장벽'과 가지는 관계를 탐구하면서, 피에르 부르디외Pierre Bourdieu의 '구별짓기Distinction'와 프레드릭 바스Fredrik Barth의 '족군 집단과 경계ethnic groups and boundaries' 이론을 중국 운하 선민연구와 접합시킨다.

   이러한 연구목표를 달성하기 위해 본 연구는 다음과 같은 구체적인 연구내용을 다룬다.

   첫째, 선민 신분에 대해 정의를 내린다. 우리는 직업신분을 가지고 정의하는 방식을 택할 수 있을 것이다. 즉 운하에서 항운 일에 종사하거나 과거에 종사했던 경험이 있고, 배를 집으로 삼거나 생계수단으로 삼는 이들을 우리는 모두 '선민'으로 통칭하였다. 이렇게 개념을 설정한다면 대운하에서 배를 운송도구로 사용하는 어민과 농민은 선

---

1 역주: 국내에 경항대운하 문화유산에 대한 번역서 『경항대운하 유역 국가 유산 및 생태회랑』(유공견 외 지음, 유창 옮김, 2021, 학고방)이 나와 있다.

민에서 배제된다. 이 책에서 말하는 '항주 선민杭州船民'은 과거 항주에서 운하 운송에 종사하였거나, 항주에서 '선호船戶'라는 특수한 호적(신분)을 가졌거나, 현재 직업신분관리 분류에서 '국유기업이나 공기업 이외體制外'의 '개인 자영업자個體工商戶'에 속하거나, 또는 1년 이상 항주 지역에서 운하 운송업에 종사한 유동적 직업 선민을 가리킨다.

둘째, 기존 선민 관련 연구에 대한 비판적 성찰에 기반하여 독창적 내용을 제시하고자 했다. 우리 연구는 특히 문화유산 보호와 선민의 관계도 살펴보았고, 연구방법 측면에서 참여관찰이라는 문화인류학적 연구방법을 택하여 선민과 함께 배에 오르며 살아있는 생활상을 기록하면서, 선민의 운하운송과 종교신앙, 생활관행, 민속문화, 사회적 관계 등에 대해 통시적·공시적 분석을 하였다. 또한 본 연구는 선민의 시각에서 바라보는 사회 뿐 아니라 '타자'의 시각에서 바라본 선민도 담고자 했다. 이 때 타자는 다른 선민 연구자들, 관리자(정부 관원 등), 그리고 일반인을 포함한다.

셋째, 구술사 연구 그리고 비교연구를 수행하였다. 기존 연구성과 중 선민 구술사 연구저서로 『운하기억運河記憶』이라는 책이 있는데, 소흥紹興 지역 선민의 구술사를 다룬 책이며 참고할 만한 가치가 큰 책이다. 그러나 우리는 이 책의 두 가지 문제점을 발견했는데, 주제가 없다는 점 그리고 선민의 언어에 연구자의 '가공'이 많이 들어갔다는 점이다. 물론 연구서에 어느 정도 연구자의 가공이 들어가는 것은 당연히 불가피한 일이지만, 우리 책은 최대한 선민의 말투와 언어를 충실히 기록하고자 했다. 우리 연구는 또한 요성聊城, 제녕濟寧, 회안淮安과 의흥宜興 등의 지역과도 비교연구를 하였다.

넷째, 환경인문학의 관점을 제시하고 학제간 연구를 수행했다. 대운하에서 다리와 둑의 보호도 중요하지만 운하의 물이 가장 중요한 보호 대상이다. 환경 관리와 보호에서 어려운 점은 기술적 문제라기보다 사회적 문제와 환경 관념의 문제이다. 우리는 환경인문학적 시각에서 연구를 수행하였고, 인문학적 사회조사와 자연과학적 방안 제시를 융합하고자 했다. 그리고 선민의 시각으로 물 환경관리 이념에 대해 새로운 관점을 제시할 수 있기를 희망하였다.

II

개념 설정 : 운하와 선민

  현지조사 과정에서 우리는 익숙한 용어들도 서로 다른 이해관계를 가진 사람들에게 매우 다른 내포와 외연을 지닌다는 것을 발견했다. 예를 들어 무엇이 운하인가? 교통 부문의 관점에서 운하는 수로 운송 통로이고, 수리 부문에서 보기에 운하는 방수와 배수 관개가 이뤄지는 곳이다. 유산관리 부문의 입장에서 운하는 문화유산인 반면, 운하 연안의 지역 관리자가 보기에 운하는 거주민의 생활공간이며, 선민들에게 운하는 생활과 생산의 '전부'다. 무엇이 유산인가? 절대 다수의 선민에게 '유산'은 낯선 개념이거나, 또는 유산에 대한 각자 나름의 관점이 있다. 예를 들어 역사가 오래 되면 유산이라거나, 중국의 운하는 분명히 세계유산이라거나, 운하가 이렇게 기니까 반드시 세계유산이라는 등의 인식들을 우리는 발견할 수 있었다. 누가 선민인가? 운하 선민의 신분 특징은 무엇인가? '배를 집으로 삼고 배에 의탁해 먹고 살면' 선민인가? 운하의 선민과 운하 위에서 일하는 어민

·농민의 차이는 무엇인가? 과거의 선민과 현재의 선민 사이에는 어떤 관계가 있는가? 중국 역사상의 '물위에서 살아가는 사람들(물길이나 바다 위의 배에서 살며 생계를 유지하는 사람들, 水上人家)'과 선민 사이에는 어떤 관계가 있는가? 현대 운하 선민의 신분 인식과 직업 선택은 어떠하며, 세대교체 상황은 어떠한가? 이런 점들에서 개념에 대한 규정이 필요하다.

❶ 운하

일반적으로 인간이 땅을 인공적으로 파서 만든 하도河道를 운하라고 부른다. 2500년 전의 춘추 말엽 오吳나라 왕 부차夫差와 월越나라 왕 구천勾踐은 각자의 영토 내 운하를 뚫었으니 이 운하들은 '한구邗溝', '백척도白尺度', '월래계越來溪', '오고고수도吳古故水道' 등의 이름으로 역사에 기록되어 있다. 진시황 시기에도 장강 수로의 경구京口(현재의 진강시鎮江市)와 곡아曲阿(현재의 단양시丹陽市) 간의 직통 운하인 '곡아하曲阿河'를 팠다.

이후 수양제隋煬帝는 수제국의 동도東都인 낙양洛陽을 중심으로 두 방향으로 거대한 운하 공사를 단행했다. 한쪽은 낙양에서 북상하여 탁군涿郡(현재의 북경시)까지 이어진 영제거永濟渠이다. 다른 한쪽은 낙양에서 남하하여 양주揚州(현재의 양주시)를 거쳐 여항餘杭(현재의 항주시)까지 이어지는 통제거通濟渠, 과거 오왕 부차가 뚫었던 한구, 그리고 강남하江南河라는 세 부분으로 구성되어 있다. 이렇게 낙양을

24

중심으로 북쪽으로는 탁주까지, 남쪽으로는 여항에 이르는 대운하 공정을 역사서에서는 '수당운하隋唐運河'라 칭하였다. 원조 조정은 수도 식량의 운송 문제를 해결하기 위해 수당 때부터 원래 있던 운하와 일부 자연 하천을 이용하였고, 산동성山東省에 제주하濟州河와 회통하會通河를, 북경北京과 통주通州 사이에 통혜하通惠河를 뚫어서 '경항대운하京杭大運河'를 형성했다.

명조는 이어서 북경에 수도를 두었고 만리장성 일대에 '구변九邊'이라는 군사거점을 설치하여 수많은 군대를 배치했다. 남쪽에서 온 식량이 수도뿐만 아니라 변경까지 조달되어야 했으므로 운하 수송량은 더 늘어나고 중요성이 커졌다. 청조의 강역은 전례 없이 넓었고 수도 북경의 기능도 강화되어 인구가 더욱 늘어나서 식량공급은 점점 중요한 문제가 되었다. 청조 말기 해운의 부상에 따라 대운하의 조운漕運 기능을 대체하게 되었고, 광서光緒 27년(1901)에 이르러 대운하 조운은 종지부를 찍게 되었다.[1]

경항대운하의 수로 구성은 테니스채 모양과 유사하여, 장강 이북의 운하는 북에서 남으로 이어지는 직선으로 테니스채의 손잡이 부분과 비슷하고, 장강 이남은 강소성江蘇省 남부와 항주 호주湖州 가흥嘉興 평야지대가 자연 수로와 인공 수로로 종횡교차하여 테니스채의 망 모양과 비슷하다. 이로 인해 민간에서는 강남 운하를 '운하망運河網'이라 부르곤 했다. 역대로 강소 소주, 절강 가흥, 절강 호주가 '운하망'의 중심이었는데, 이런 운하망은 중국 북방에서는 많이 보이진 않는다.[2]

---

1 葛劍雄, "大運河歷史與大運河文化帶建設芻議", 《江蘇社會科學》, 2018(2).

세계문화유산 용어로서의 '중국대운하中國大運河'라는 용어는 2014년 6월 22일 등장했는데 이 날 카타르Qatar의 수도 도하Doha에서 개최한 제38차 세계유산위원회 회의에서 '중국대운하'가 '세계유산목록'에 등재되어, 이 때부터 '중국대운하' 유산은 중국 정부의 '국가적 상징'이 되었을 뿐 아니라 일반 대중에게도 이런 인식이 확산되어 나갔다. '중국대운하'는 세계문화유산의 요구에 응하여 만들어진 전문용어라 할 수 있는 것이다. 유네스코 심의에 제출한 세계문화유산 등재 신청서에서 '중국대운하'는 다음과 같이 정의되었다.

대운하는 중국의 중동부 지역에 위치하며 북경, 천진, 하북河北, 산동, 강소, 절강, 하남河南, 안휘安徽의 8개 성급省級 행정구역에 걸쳐, 해하海河, 황하黃河, 회하淮河, 장강, 전당강錢塘江의 5대 주요 강과 그 유역을 연결한다. 중국대운하의 굴착은 기원전 5세기부터 시작되었고, 7세기에 1차로 남북 전 구간이 개통되었으며 13세기에 2차로 완성되어, 2,000여 년을 거치며 지속발전 및 변화하여 지금까지 중요한 교통과 수리 기능을 맡고 있다.

중국대운하는 세계에서 유일하게 식량운송(조운)의 안전을 확보하여 정권을 안정시키고 제국통일을 유지하기 위해 국가가 투자하고 관리한 거대한 공정 체계이다. 이는 중국 남북 사회와 자연자원의 불균형을 해결하는 중요한 조치로서 시공간 측면에서 희귀하고, 농업문명시기 인공운하 발전의 유구한 역사단계를 보여주며, 산업혁명 이전 수리수운공정의 걸출한 성취를 대표한다. 이는 광대한 국토 범위 내 남북 자원과 물산의 대규모 조정 분배를 실현시켰고 국

---

2 嘉興市文廣新局, 『運河記憶: 嘉興船民生活口述實錄』, 上海書店出版社, 2016, p.7.

가의 정치중심과 경제중심을 연결하였으며, 서로 다른 지역간의 경제적 문화적 교류를 촉진시켜 국가 통일, 정권 안정, 경제 번영, 문화 교류 및 과학기술발전 등의 방면에서 대체할 수 없는 역할을 발휘하였다. 중국대운하는 광활한 시공을 뛰어넘는 거대한 성취로 깊고 큰 영향을 미쳐 문명을 이루게 한 요람인 만큼, 중국은 물론 세계 역사에도 거대하고 심원한 영향을 미쳤다.

역사적 분류와 명명에 따르면 중국대운하는 10개 구간으로 구성된다: 통제거 구간, 위하衛河(영제거) 구간, 회양淮揚운하 구간, 강남운하 구간, 절강 동부운하 구간, 통혜하 구간, 북운하北運河 구간, 남운하南運河 구간, 회통하 구간, 중하中河 구간. 세계문화유산 등재 신청 당시 중국은 각 구간의 대표적인 운하 수로 및 운하 주변의 중요 유적지를 선택하여 신청했고, 중국대운하 하도유산 27단과 운하 수리시설, 운하 부속 시설의 유적, 그리고 운하 관련 유산을 합친 58개가 모두 포함된다. 이들 유산은 31개 유산 구역에 분포되어 있는데, 세계문화유산이 된 '중국대운하'는 수당대운하, 경항대운하, 절동(절강동부)운하의 세 부분이다.

1) 수당대운하

수양제 즉위 후 조운의 편리와 고구려와의 전쟁을 위해 조정은 천연 하천과 기존 항운 관개 수로를 이용하여 낙양을 중심으로 남북 오대五大 물길을 연결하는 대운하 공사를 실시했다. 수양제 대업大業 원년(605) 3월 '(수양제는) 황하 이남 모든 군현의 백만 명에 달하는 남녀 백성을 동원하여 통제거 공사를 단행했으니, (낙양의) 서원西苑

으로부터 곡수穀水와 낙수洛水의 물을 끌어들여 황하에 이르렀고 판저板渚에서 물을 끌어들여 회수淮水로 통하게 만들었다'고 하였다. 수 왕조의 통제거는 춘추전국 시대의 변거汴渠와 양거陽渠에 대한 준설공사를 통해 구축되었다. 통제거는 낙양 서원에서 곡수와 낙수의 물을 끌어들여 낙양 성곽의 남과 동쪽을 돌아서 언사偃師현과 공공鞏현을 지나 황하로 들어오니, 이러한 물길로는 과거에 양거도가 있었다. 통제거의 상단은 동한에서 굴착한 양거고도를 준설하여 황하로 통하게 한 것이며, 나중에 다시 황하의 자연수로를 따라 판저에 이르고 황하를 끌어들여 변거로 들어가게 하여 회수에 이르렀다. 수 시대의 통제거는 판저에서 시작해 개봉開封, 기현杞縣, 수현睢縣, 영성永城, 숙주宿州, 영벽靈壁, 사홍泗洪을 지나 회수淮水, 즉 현재의 회하강과 합류했다. 합류 이후의 운하 물은 다시 회하강 하류의 산양山陽에서 과거 오왕 부차 시대 건축한 한구를 통해 강도江都(현재의 양주시)로 남하하여 장강으로 들어갔다.

대업 3년(607), 수양제는 북쪽 변방을 순찰하는 과정에서 고구려가 돌궐과 연맹하려는 것을 발견하고 고구려를 향해 전쟁을 벌이기로 결정했다. 다음 해 수양제는 유주幽州[3]를 고구려에 대한 전쟁 군사기지로 삼았고, 군수물자 수송을 위해 조운 수송방식을 택하고 백성을 모아 영제거를 건설하였다. 영제거도 다른 운하 공사와 마찬가지로 역대 왕조에 지었던 옛 운하의 수로와 천연 하천을 이용해 만들었다. 현재의 하남성 무척현武陟縣에서 급현汲縣까지 심수沁水와 청수淸水[4]

---

3 역주: 현재의 북경, 천진, 하북성 북쪽 일대지역을 관할하는 옛 행정구역.
4 역주: 현재의 위하衛河강

를 끌어들였고, 급현에서 관도현館陶縣까지 이르는 지역에서는 조조曹操 시기의 수리시설을 이용했다. 관도현과 창주시滄州市 간의 구간은 한나라 시기 황하 홍수 범람 이후 남았던 옛 수로를 바탕으로 개조되었다. 창주시에서 탁군, 즉 현재의 북경까지의 구간 공사는 우선 장수漳水의 수로를 이용하다가, 독류구獨流口라는 지점에서 새로운 수로를 만들어 탑수潒水와 연결되게 하여 탁군까지 이르렀다.

대업 5년(610) 수양제는 탁군의 군청인 계성薊城[5]에 임삭궁臨朔宮[6]을 지었다. 『수서隋書 염비전閻毗傳』에 의하면 수양제는 요동遼東에서 출정을 하고자 '낙구洛口에서 거渠를 뚫어 탁군까지 이르러 조운을 통해 수송했고 염비가 이 공사를 총괄지휘했다. 다음 해 염비는 우익위장사右翊衛長史를 겸임하여 임삭궁 공사를 담당했다'고 하는 기록이 있다. 대업 6년(610), 수양제는 동쪽의 회계會稽(소흥시紹興市 일대) 지역을 순찰하고서 강남운하 굴착을 시작하였으니, 강남운하는 '경구로부터 시작하여 여항까지 총 800여 리里(1리=0.5km) 길이에 이르렀다.'

일반적으로 강소성 진강시에서 절강 항주시에 이르는 운하를 '강남운하'라고 부른다. 그 중 절강 관내의 가흥~항주 구간을 '절서(절강서부)운하浙西運河'라 부르는데 절강 서부운하는 두 갈래로서, 하나는 옛 수로로 가흥으로부터 복원濮院, 석문石門, 숭복崇福, 당서塘栖를 거쳐 항주에 이르고, 다른 하나는 북측 수로로서 평망平望에서 서남으

---

5 역주: 현재 북경의 도심 일대
6 역주: 삭朔은 북방, 북쪽의 뜻을 갖고 있어서 '임삭궁'은 곧 황제가 직접 북방에 갈 때 거주하는 행궁이라는 뜻이다.

로 오진烏鎮, 연시練市, 신시新市를 거쳐 당서에서 옛 수로와 합류한다. 대업 7년(611) 2월 수양제는 남방에서 출발하여 북방을 순찰하였으니 '황제의 배는 강을 건너 영제거에 들어갔다'고 되어 있다. 당나라 초기 당태종唐太宗도 고구려를 정벌하려는 전쟁을 일으켰고, 마찬가지로 유주를 후방 군사기지로 삼았다. 정관貞觀 18년(644)부터 정벌 준비를 시작했고, 그 해 7월 '황제는 장작대감將作大監 염입덕閻立德 등에게 명하여 홍주洪州[7], 요주饒州[8], 강주江州[9]에서 배 400척을 만들어 군량을 나르게 하였다. … 또한 태복경太僕卿 소예蕭銳에게 명하여 황하 이남 모든 주州의 식량을 가져오게 하였다.' 당태종은 위정韋挺에게 군량 운송 업무를 맡겼고, '유주의 창고에 가서 배를 만들고 식량을 운송하였다.'

　그 해 11월 대군은 모두 유주에 집결했고, 다음 해인 정관 19년(645) 태종은 낙양으로부터 출발하여 유주에 도착하여 '(당해) 4월 계묘癸卯 당군은 유주에서 병사들을 모으고 군대에게 성대하게 베풀었다.' 그러나 태종의 1차 요동 정벌은 실패로 끝났다. 정관 22년(648) 태종은 두 번째 고구려 정벌을 계획하여, 7월 '(태종은) 우령좌우부장사右領左右府長史 강위強偉를 검남도劍南道[10]에 파견하여 나무를 베어 함선을 만들라고 명령했으니 그 중 큰 것은 백 척尺의 길이와 오십 척 정도의 넓이를 갖고 있었다. (태종은) 다른 사람을 파견하여

7　역주: 현재의 강서성江西省 남창시南昌市 일대.

8　역주: 현재의 강서성 상요시上饒市 일대.

9　역주: 현재의 강서성 구강시九江市 일대.

10　역주: 현재의 사천성四川省의 대부분 그리고 운남성雲南省과 귀주성貴州省의 일부에 해당하는 성급 행정구역이다.

함선이 무협巫峽[11]을 출발하여 강주와 양주를 경유하고 해로로 내주萊州[12]까지 향하게 했다.' 그 해 8월 '(태종은 또한) 월주도독부越州都督府[13] 및 무주婺州[14], 홍주 등 장강 이남의 주군州郡에 대해 해선海船과 쌍방雙舫 1,100척을 제작하라는 명령을 내렸다.' 이들 해선과 쌍방은 각각 병사와 식량을 싣고 유주와 평주平州[15] 일대지역까지 운송하였다.

당대 무측천武則天 만세통천 원년(696) 진자앙陳子昂은 건안왕建安王 무유선武攸宣의 지휘를 받아 거란契丹과의 정벌전에 참가하면서 작전계획에 대해 이렇게 제안했다.

강남江南[16], 강회江淮[17] 지역 여러 주의 조운선 100척이 이미 공낙鞏洛[18]에 이르렀고 운반된 조곡은 백만 여 곡斛[19] 가량으로, 유주

---

11 역주: 현재의 중경시重慶市 무산현巫山縣에 있는 장강의 협곡으로서, 장강삼협長江三峽 중 두 번째 협곡이다. 과거에서 현재까지 계속 사천성(혹은 중경시)과 호북성湖北省 간의 관문 역할을 담당해 왔다.
12 역주: 현재의 산동성 연태시煙台市와 래주시萊州市 일대.
13 역주: 당나라가 수나라 시기의 회계군을 월주도독부로 개칭했다. 따라서 당의 월주도독부는 수의 회계군과 같은 행정단위로 현재 소흥시에 해당된다.
14 역주: 현재의 절강성 금화시金華市 일대.
15 역주: 현재의 하북성 당산시唐山市, 진황도시秦皇島市 등 하북성의 동북쪽 지역에 해당한다.
16 역주: 양자강 이남 지역.
17 역주: 양자강과 회하강 사이의 지역.
18 역주: 낙양의 별칭.
19 역주: 고대 계량단위, 당대의 곡과 석石은 같은 계량단위로 1곡은 10두斗와 같다.

로 가게 하면 군량을 충당할 수 있다.

통혜하
通惠河
북경北京
북운하
北運河
천진天津
남운하
南運河
창주滄州
위하
衛河
덕주德州
영제거永濟渠
요성聊城
초작焦作
신향新鄉
제녕濟寧
낙양洛陽
개봉開封
회통하
會通河
조장棗莊
낙수洛水
정주鄭州
상구商丘
중하中河
숙천宿遷
통제거通濟渠
(폐기구간)
숙주宿州
변수汴水
회안淮安
회양운하
淮揚運河
양주揚州
진강鎭江
상주常州
강남운하
江南運河
무석無錫
소주蘇州
호주湖州
가흥嘉興
항주杭州
절동운하
浙東運河
소흥紹興
영파寧波

수당대운하

32

강회 지역에서 온 수천 척의 조곡 운반선이 그 해 조세로 거둔 식량을 낙양에서 곧바로 유주 계성으로 운송할 방안을 제시한다는 점은, 운반선들이 분명히 영제거를 이용하여 운송된다는 것을 보여준다. 영제거의 개통은 수나라와 당나라 초기 여러 차례 고구려와의 전쟁에서 큰 역할을 발휘하였으니, 대량의 군대와 군수물자를 운하를 통해 운송할 수 있었던 것이다. 수로는 장거리 이동과 높은 적재량이라는 특징으로 무거운 물자를 옮기기에 적합했고, 농업문명 시대 다른 운수 수단보다 현저한 우월성을 갖췄다. 정권 22년(648) 당 태종이 또다시 고구려를 정벌하려 할 때 어떤 이가 태종에게 운하 운수의 우월성을 다음과 같이 지적한 바가 있다.

> 만약 많은 군대를 모아 동쪽을 정벌하려면 여러 해의 식량분을 준비해야 하니 가축으로는 운반할 수 없고 반드시 배를 이용해 수로로 운반해야 합니다.[20]

　　영제거 공사 원래의 목적은 요동 정벌시 필요한 군수물자를 편리하게 운송하는 데에 있었지만, 결과적으로는 탁군이 위치한 유연幽燕[21] 지역과 중원中原[22] 지역 그리고 날로 부유해지는 강회 지역을 연결하는 객관적 효과가 더 컸고, 영제거로 대표되는 수당대운하는

20　원문: 或以爲大軍東征, 須備經歲之糧, 非畜乘所能載, 宜具舟艦爲水運.
21　역주: 유주와 연주燕州의 통칭. 현재의 하북성 북부, 북경시, 천진시, 산서성의 일부에 해당한다.
22　역주: 대략 현재의 하남성 중부와 북부, 하북성의 남부, 산서성의 서남부, 산동성과 안휘성의 일부에 해당하는 황하 중·하류의 비옥한 평야지대와 일치한다.

중국 남북간의 경제적 통로가 되었다. 수나라 말엽 대운하는 이미 '상인과 여행객들이 왕래하고 배들이 끊임없이 왔다갔다한다'고 할 정도로 발전하였다. 당나라 시기 대운하의 역할은 더욱 중요해졌으니, 당대 시인 피일휴皮日休는 다음과 같이 이야기했다.

소기(영제거)와 변수(통제거)를 준설하고 태항太行23에 길을 뚫은 것은 수나라 백성에게 큰 해를 입혔으나 당나라 백성은 이익을 보았다. 이제 아홉 하천에서 수로를 이용할 수 있어 북쪽으로는 심군深郡의 어획 판매가 가능하고 남쪽으로는 강도의 물자들을 옮길 수 있으니 그 이득이 크도다.

이러한 남북지역 간의 경제문화 교류는 기존 변방 요새인 유주(계성)의 인구와 도시 규모를 확장시켜 수나라와 당나라 시기 중국 대도시가 되는 데 기여했다.

2) 경항대운하

수당대운하는 오늘날 경항대운하의 기초가 되었지만, 남송南宋 시기부터 수당대운하의 통제거 구간이 막혀버려 지금은 운하의 흔적이 남지 않았다. 당시 수로가 막힌 원인은 두 가지였다. 첫째, 남송 시기 북방이 함락되며 금金나라의 남침을 막기 위해 남송 조정이 운하의 모든 시설을 파괴하여 금군의 배가 운하로 오지 못하게 만들었다.

---

23 역주: 현재의 산서성과 하북성 접경지대의 태항산太行山이라는 산맥에 해당한다.

북경北京 ● ● 통주通州

천진天津 ●

석가장石家庄 ◎ ● 창주滄州

● 덕주德州

임청臨淸 ●
요성聊城 ●   ◎ 제남濟南

● 남왕南旺
제녕濟寧 ● ● 남양南陽
패현沛縣 ● ● 한장韓莊
● 대아장臺兒莊
서주徐州 ● 비주邳州

● 회안淮安

양주揚州 ●
합비合肥 ◎ 남경南京 ◎ ● 진강鎭江
상주常州 ● ● 무석無錫
● 소주蘇州
가흥嘉興 ● ◎ 상해上海
● 항주杭州

경항대운하

1194년 황하 제방이 양무陽武[24]에서 터지자 큰 홍수가 나서 황하 물길이 바뀌어 황하가 남쪽으로 범람하여 사수泗水[25]와 회수淮水가 합쳐지고 회수가 바다로 흐르게 되었다. 금나라는 황하가 범람하게 만들었다며 남송을 공격하려 하였고 아무 조치도 취하지 않았다. 그리하여 회수 유역 일대는 수시로 수재에 시달리게 되었고 회하의 흐름이 바뀌어 운하의 남류가 장강으로 흘러들어갔으며, 통제거는 점차 수로가 막히게 되었다.

둘째, 원元나라가 대도大都(북경시)를 수도로 정한 후 경항대운하를 만들기 시작했고 해운 항로도 개발하여 통제거 구간의 중요성이 점차 약해졌다. 『숙주[26]지宿州志』에 따르면 '통제거는 송나라 조정이 남쪽으로 옮겨간 이후 점차 막혔고, 원나라 태정泰定[27] 초기 황하는 과거 변거의 물길로 흘러 서주徐州[28]에서 사수와 합류하여 청구淸口에서 다시 회수와 합류했으며, 사주泗州[29]의 변구汴口는 점차 폐쇄되었고 변거가 막혀 용교埇橋라는 교량도 폐기되었다.'

수도의 이전과 경항대운하의 굴착으로 인해 통제거가 방치되어 점차 막히게 된 것이다. 원조 때부터 북경을 수도로 정하면서 국가의 정치 중심이 옮겨갔고, 원의 쿠빌라이는 제주하, 회통하, 통혜하를 굴착하라는 명령을 내려 남북간의 직통수로인 경항대운하를 개통시

---

24 역주: 현재의 하남성 원양현原陽縣 일대에 해당한다.

25 역주: 현재의 사수하泗水河강에 해당한다.

26 역주: 현재의 안휘성 숙주시宿州市.

27 역주: 원나라의 여섯 번째 황제, 1323~1328년 재위.

28 역주: 현재의 강소성 서주시徐州市.

29 역주: 현재의 안휘성 동북부 지역에 해당되는 옛 지명.

컸으며, 그리하여 대운하는 강소성 회안시로부터 직접 북상하여 숙천시와 서주시를 거쳐 산동성과 북경에 이르게 되어 오늘날의 경항대운하가 탄생했다. 현재의 경항대운하의 북쪽 시작점은 북경시 통주구通州區, 남쪽 종점은 항주시이며, 통혜하(북경시~하북성 낭방시廊坊市 구간), 북운하(낭방시~천진시 구간), 남운하(천진시~산동성 임청시[臨清市] 구간), 회통하(임청시~산동성 조장시棗莊市 구간), 중하(조장시~회안 구간), 회양운하(회안시~양주시), 진양眞揚운하(강소성 의정시儀征市~양주시), 강남운하(강소성 진강시~항주시) 등 옛 운하로 구성된 구간을 경유한다. 현재 대운하의 전체 길이를 합산하면 1,794km에 이른다.

3) 절강 동부운하

절강 동부운하는 절강성 동부 영파寧波~소흥평야寧紹平原를 관통하는 운하시스템의 총칭으로서, 주간 항로는 서쪽의 소산시蕭山市~소흥시 구간[30]과 동쪽의 여요강餘姚江 천연수로로 구성된다. 전자는 고대에 인력으로 굴착된 옛 운하의 물길을 이용하고, 후자는 여요현餘姚縣 장정丈亭이라는 지점부터 항로의 넓이가 150~250m, 수심이 4~5m로 확대되어 영파시의 용강甬江과 합류한다. 과거 절강 동부운하가 연결하던 전당강, 조아강曹娥江, 용강 간의 수위가 서로 달라서 전 구간 통항이 불가능했고 구역을 나누어 수송이 이뤄졌다. 1966년 15~30톤급 운하 승강기가 여러 개 설치되었고, 1979년 전체 구간의

---

30 옛 명칭은 서흥운하西興運河.

항로는 40톤급의 배가 통과할 수 있도록 준설공사가 실시되어 1983
년에는 전 구간 통항이 가능해졌다. 이후 제2차 운하개조사업 이후
항로의 통항표준이 다시 100톤으로 향상되었고, 전당강과 절강 동부
운하 간의 연결 공사가 완공된 이후 항주까지 직행할 수 있게 되고
경항대운하와 연결되었다.

역사적 고증에 따르면 절강 동부운하의 첫 개통은 춘추시대 말기
로서 2,400여 년의 역사를 지닌다. 당시 이 지역을 통치했던 월越나라
가 이 운하를 '산음고수도山陰古水道'라고 불렀고, 전당강으로부터 조
아강, 요강姚江과 용강甬江을 거쳐 동중국해로 흘러들어갔다. 이후 여
러 왕조를 거치며 수차례 정리와 개조 공사가 있었고, 관개·홍수방
지·운송 등 여러 기능을 한 번에 하는 수상 대동맥이 형성되었다.
대일통 이후의 진秦나라는 전당강과 장강을 연결하는 물길을 정비하
여 현재의 절강성 관내의 강남운하 구간의 기본 구조를 만들었다.
진晉나라는 월나라가 건축한 옛운하의 기초 위에서 요강과 소산~소
흥 간의 연결을 강화하여 운하의 기능을 보강했다. 수양제 시기에도
이 구간에 대한 개조 공사가 이뤄졌고, 당대 중반에 이르러 항주~영
파 구간의 물길에 대한 수차례의 준설 및 운하 주변 수로의 보강 공
사가 진행되어 관개와 항운이 더욱 편리해졌다. 남송 시기엔 약 100
년간 절강 동부운하의 전 구간에 대한 대규모 준설공사가 행해져 통
항 상황이 더 크게 개선되었고, 청대 강희康熙 연간에는 운수 전용항
로와 제방을 대규모로 만들어 수로교통을 더 편리하게 만들었다.

대운하의 역사를 개괄적으로 보자면 다음과 같은 사실을 확인할
수 있다. 수양제 시대 개통된 운하는 사실상 두 갈래로 나눌 수 있는
데, 하나는 낙양으로부터 탁군에 이르는 영제거이고 다른 하나는 낙

양에서부터 양주를 거쳐 항주까지 이르는 통제거·한구·강남운하로서, 이들 운하의 출발점은 같은 낙양이었지만 두 운하끼리는 서로 연결되지 않았다. 원나라는 북경을 수도로 삼고서 식량운송 문제를 해결하기 위해 과거 수당 시기의 옛 운하와 천연하천을 정비 이용하였고, 산동성에서 제주하와 회통하, 그리고 북경과 통주 사이에 통혜하를 굴착하여 경항대운하를 만들어냈다. 경항대운하의 주요 목적과 기능은 국가의 통일과 수도의 안전을 보장하는 데에 있었고, 특히 수도와 북방 변방 지역의 식량 공급을 보장하는 것이 가장 중요한 기능이었다. 당나라 후반부터 화북평야華北平原[31]의 식량 생산량은 이미 당시의 수도인 장안長安[32]과 정치 중심인 관중關中 지역[33]의 식량 수요를 충족시키지 못했기에, 북경 주변과 북방은 식량 공급을 맡을 수 없어서 결국 강남에서 공급되는 식량에 의존해야 했다. 수백만 석의 양식을 북경으로 옮기려면 당시로서는 유일한 방법은 운하 수운을 이용하는 것이었고, 원나라 또한 부분적 해운을 시도했지만 성공하지는 못했다.

명나라도 원나라에 이어서 북경을 수도로 삼았고, 명나라는 만리장성을 따라 '구변'이라는 변방 군사거점 및 방어체계를 구축하여 수많은 군대를 주둔시킴에 따라 강남 지역의 식량은 수도에 대한 공급뿐만 아니라 변방군의 군수물자로도 사용되어 운송량이 더 늘어났다. 청조 강역은 전례 없이 넓어졌고 수도 북경의 기능은 더 강화되며

---

31 역주: 현재의 하남성과 하북성의 대부분, 안휘성과 산동성의 일부를 차지하는 평야지대를 말한다.
32 역주: 현재의 섬서성陝西省 서안시西安市.
33 역주: 현재의 섬서성의 중부 평야지대를 가리킨다.

인구도 늘어나 식량 공급을 보장해야 한다는 임무는 더욱 중요해졌다. 청나라 말엽 근대적 해운이 시작되면서 비로소 운하의 중요성이 쇠락하고 근대적 해운으로 대체되었으며, 결국 광서27년(1901) 운하 조운은 폐지되었다. 대운하가 조운을 보장해주지 않았다면 북경은 원·명·청 세 왕조의 수도가 될 수 없었을 것이고, 대운하가 없었더라면 원·명·청의 통일도 유지되고 견고해지기 어려웠을 것이다.[34]

2 선민船民

옛날 민간에서 선민은 '배자식', '뱃놈' 등으로 불렸는데 대부분 선민을 비하하는 뜻을 담고 있었고, 과거 중국의 신분질서에서 부랑아(타민)墮民, 거지丐戶, 광대樂戶, 소작인佃仆 등과 같은 '천민' 계층에 속했다. 운하 선민은 도대체 누구인가? 운하에서 일하고 생활하는 사람은 모두 운하 선민이라 할 수 있을까? 절강성의 민속학자 구시지아顧希佳는 절강성 가흥시 일대에 생활하는 선민에 대한 조사연구를 통해, 운하에서 배를 이용하는 사람을 다음과 같이 세 종류로 나누었다.

첫째는 선민이다. 이들은 항운업에만 전적으로 종사하고 주로 다른 사람들이 의뢰하는 물자를 운반하며 간혹 사람들을 태우고 나르기도 한다. 둘째는 어민이다. 이들은 어획을 통해 생계를 유지하는

---

34 葛劍雄, "大運河歷史與大運河文化帶建設芻議", 《江蘇社會科學》, 2018(2).

사람이었는데 나중에는 대부분 양식업을 위주로 하고 어획은 보조로 하게 되었으며 여전히 배를 자주 이용한다. 셋째는 운하 주변의 농민이다. 이들은 농업을 주요 생계수단으로 삼지만, 영농과 일상생활 속에서 배를 많이 이용하는데, 예를 들어 비료를 모으고 해초를 채집하고 배를 교통수단으로 쓴다. 항주나 가흥 일대의 주민들은 일반적으로 어민과 농민을 선민이라고 여기지 않았고, 일 년 내내 배에서 일하고 먹고 살며 생계를 유지하는 사람을 선민이라 부르고 있다.

필자와 연구진이 항주시 여항구餘杭區의 임평臨平, 당서 등 운하가 경유하는 오래된 운하 마을의 나이든 주민들을 대상으로 면접조사를 하는 과정에서 발견한 사실은, 운하에서 배로 먹고 사는 사람들 중 '선민'은 스스로 분명한 집단적 범주의 경계를 가지고 있다는 점이었다. 이들 자신의 관점에서 선민은 강소성, 특히 강소성 북부지역 출신의 '소북사람蘇北佬', '강북사람江北佬'[35], '뱃사람船上人' 등을 가리키는 집단을 의미했고, 넓은 의미의 선민에는 산동, 안휘, 강소성 남부, 절강 등지에서 배를 집으로 삼고 배를 통해 살아가는 운하 위의 사람들도 포함되었다. 반면 운하 위에서 배를 자주 이용하되 '농민', '어민'이라 불리는 이들은 그들이 말하는 좁은 의미의 '선민' 집단(강소북부, 안휘성 등 출신의)과는 구분되었다.

여항구의 역사를 다룬 『여항현[36]지餘杭縣志』에서 운하 주변의 오래된 마을인 당서 일대 어민과 농민에 대한 다음과 같은 기록도 상술한 어민과 선민의 구별 짓기를 입증해 준다.

해방(1949년 중화인민공화국 수립) 직후 전업으로 물고기를 잡는 어민이 당서 지역에 가장 많았고, 이들 대부분은 강소성 북부와 소흥 등의 지역에서 여항으로 이주해온 사람들로서, 배를 집으로 삼고 어획을 생업으로 삼았다.[37] 현지의 정산丁山, 정하丁河, 박륙博陸, 양저良渚 등 향촌의 어민들이었다. 토지개혁 시기 이러한 지역 향촌의 어민은 토지 배분을 받아 대부분 농업이나 농·어 겸업으로 전환하였다. 1953년의 조사에서 전업 어민은 928개 가구, 겸업 어민은

---

35 역주: '소북'과 '강북'은 모두 강소성 북부를 지칭한다. '라오佬'는 중국어에서 '놈', '자식' 등 상대방을 비하하는 말이다. 즉 '강소성 북부 출신의 놈들'이라는 뜻이다.

36 역주: 여항현은 여항구의 전신이다. 1949년 이후 여항현이라는 행정구역은 1949~1958년, 1961~1994년에 존재했다. 1994년 이후 여항현은 여항시로 개편되었다가 2001년 다시 여항구로 전환되었다.

37 역주: 『여항현지』에서 전업 어민으로 분류된 외지 출신의 어민은 곧 선민에 해당된다. 당시의 직업분류기준에서 하천이나 바다에서 뱃일을 하는 사람들은 모두 어민으로 간주했다.

446개 가구로 집계되었다. 이들은 양식업이 전개되지 않는 하천, 항구, 습지 등 곳곳에 흩어져 천연 민물고기를 잡는 일을 했다. 1949~1959년의 연평균 어획량은 1,225톤이었고 1960년대 이후 감소하였다. 1968년 여항에서 전업 어민인 760가구에 대한 사회주의 개조[38]가 실시되었고, 이들 중 배를 집으로 삼는 354가구는 국가가 집을 지을 돈과 재료를 지급하여 육상에 거주하게 되었다. 박륙博陸, 동당東塘, 창전倉前, 석합石鴿 등 11개 수산대대水産大隊[39]가 설치되어 수산양식업과 어업을 겸업하며 여러 가지를 경영하였고, 1984년에는 수산양식업과 어업에 전문적으로 종사하는 수산촌과 양식장이 18개였고 1987년에는 29개로 증가하였다.[40]

상술한 조사결과에 반영된 선민 개념은 학계의 '물위에서 살아가는 사람들水上人家' 개념과도 차이가 있는데, '물위에서 살아가는 사람들'은 예를 들면 '단민疍民'이나 '아홉 개 성씨를 가진 어민九姓漁民'[41] 등을 가리켰으며, 물고기 잡이를 생업으로 삼는 어민과는 달리 '천민계층'으로 간주되었다. 근대 이래로 중국 학계에서 '물위에서 살아가는 사람들'에 대해 연구한 지 100년이 흘렀고 성과도 풍부하다.

---

38 역주: 당시의 정치적 상황에서 전업 어민, 즉 선민이 배를 사유자산으로 소유하는 것은 사회주의의 공유제 원칙에 부합하지 않았다. 따라서 이들의 사유자산을 없애고 인민공사人民公社체제에 편입하는 소위 '사회주의 개조'가 실시되었다.

39 역주: 대대는 1950년대 말기부터 1980년대 초기에 실행된 인민공사체제에 존재하는 경제 행정 단위로서 인민공사체제 해체 이후의 행정단위인 행정촌行政村에 해당된다.

40 餘杭縣志編纂委員會編, 『餘杭縣志』, 浙江人民出版社, 1990, p.227.

41 역주: 전당강 상류 유역을 중심으로 활동했던 아홉 개 성씨, 즉 진陳씨, 전錢씨, 임林씨, 이李씨, 원袁씨, 손孫씨, 엽葉씨, 허許씨, 하何씨로 구성된 배를 집으로 삼는 부락집단이다.

20세기 초반 셰윈성謝雲生[42], 뤄샹린羅香林[43], 황윈보黃雲波[44], 천쉬징陳序經[45], 우루이린伍銳麟[46] 등의 학자들은 광동성廣東省의 단민에 대한 연구로 '물위에서 살아가는 사람들'에 대한 학술연구의 시작을 열었다. 1949년 이후 천비성陳碧笙[47], 한전화韓振華[48] 등은 복건성福建省의 단민에 대한 연구에서 그들의 사회역사적 변천의 특징에 주목하였다. 1980년대 이후로는 장빙자오蔣炳釗[49], 팡잉方英[50], 천리시앤陳禮賢[51], 허자샹何家祥[52] 등이 복건성, 광동성, 광서성廣西省의 단민을 지속적으로 추적연구했다. 이 밖에도 마쥔야馬俊亞[53]가 강소성 북부 출신자(선민 포함)에 대한 사회적 편견과 오명 현상에 대해 연구했고, 차오즈윈曹志耘[54], 주하이빈朱海濱[55]도 절강성 신안강新安江, 복춘

---

42 謝雲生, "福州疍戶的歌調", 《民俗》, 1929(9).

43 羅香林, "唐代疍族考(上)", 《中山大學文史學研究所月刊》, 11934(2-3, 2-4).

44 黃雲波, "廣州疍俗雜談", 《西南民族研究專號》, 1938(3).

45 陳序經, 『疍民的研究』, 北京 : 商務印書館, 1946.

46 伍銳麟, "沙南疍民調查報告", 《嶺南學報》, 1934(3); 『三水疍民調查』, 北京 : 清華印書館, 1948.

47 陳碧笙, "關於福州水上居民的名稱、來源、特征以及是否少數民族等問題的討論", 《廈門大學學報(哲學社會科學版)》, 1954(1).

48 韓振華, "試釋福建水上蛋民(白水郎)的歷史來源", 《廈門大學學報(文史版)》, 1954(5).

49 蔣炳釗, "蛋名的歷史來源及其文化遺存", 《廣西民族研究》, 1998(4).

50 方英, "汕尾疍民民俗文化的特點和變遷(一)", 《廣州大學學報(社科版)》, 2002(1).

51 陳禮賢, "海疍─斜陽島疍民考察", 《廣西民族學院學報(哲學社會科學版)》, 2002(2).

52 何家祥, 『"浮家泛宅" : 廣東"疍民歧視"研究』, 中山大學博士論文, 2004.

53 馬俊亞, "近代江南都市中的蘇北人 : 地緣矛盾與社會分層", 《史學月刊》, 2003(1).

강富春江, 란계강蘭溪[56] 일대의 아홉 성씨를 가진 어민집단에 대한 연구를 통해, 하천에서 생활하는 이들은 연해지역인 복건, 광동, 광서의 단민과 유사한 사회문화적 특징을 갖고 있다고 밝혔다. 이러한 연구들은 민속학·민족학·사회학의 시각으로 단민 집단의 역사적 기원, 출신지역의 추적, 혼인과 가족, 신앙과 문화 등의 다양한 분야를 탐구하고 이들 단민의 사회문화적 특수성에 대한 묘사와 해석을 하였다.

현대의 '선민' 연구는 대체로 4가지 종류로 볼 수 있다.

첫째, 기존 단민 연구의 연장선에서 역사와 민속·민족 등의 시각을 통하여 선민을 살펴본 연구. 예를 들어 판정이(範正義, 2005)는 "근대 복건 선민 신앙에 대한 심층적 고찰"이라는 글에서 근대 복건성 선민들이 신령의 존재를 믿고 신령을 숭배하는 원인을 분석한 바 있다. 여기서 주목할 점은 그가 두 종류의 '근대 복건 선민'이 있다고 주장한 점인데, 그 중 하나는 하천에서 배를 집으로 삼고 생활하는 이들로서 단민·단호疍戶로 불린다. 다른 하나는 배를 운반도구로 삼아 항운업을 직업으로 삼는 이들로서, 그 대표적인 집단은 남평시南平市 장호반진樟湖阪鎭의 계구촌溪口村이라는 마을의 마을주민이다. 계구촌은 민강閩江의 연안마을로서 그 주민들이 대부분 민강에서 화물을 운반하는 뱃일을 주요 생계수단으로 삼았다. 판정이의 연구에서 단민은 선민과 동일시되었다.

---

54 曹志耘, "浙江的九姓漁民", 《中國文化研究》, 1997(3).

55 朱海濱, "九姓漁民來源探析", 《中國歷史地理論叢》, 2006(21-2).

56 역주: 신안강과 복춘강은 전당강 상류지역에 대한 별칭이며, 란계강은 전당강의 주요 지류이다.

둘째, 베트남 전쟁 이후 배를 타고 홍콩에서 상륙한 베트남 난민들을 '선민'이라고 간주하는 연구. 대표적 연구는 리루오젠(李若建, 1997)의 "홍콩의 베트남 난민과 선민"으로서, 이 글은 1975년부터 1990년대까지 끊임없이 홍콩으로 유입된 베트남 난민과 선민의 대거 상륙 상황을 다뤘다. 당시 홍콩은 총 23만 명의 베트남 난민과 선민을 받아들였는데 대규모 인구 유입이 많은 사회문제를 초래했고, 당시 홍콩 식민당국은 상륙한 난민과 선민에 대해 시기마다 다른 정착 정책을 적용했다. 저자에 따르면 이렇게 이미 많은 난민과 선민을 받아들인 상황에서 1997년 주권 반환 전까지 이들 난민과 선민들을 귀국시키는 것이 불가능하다고 당시 홍콩 정부는 판단했다는 것이다.[57] 리베이베이와 천샤오잉(李蓓蓓·陳肖英, 2003)의 "홍콩의 베트남 난민과 선민문제" 글에서 베트남 선민은 베트남 국적을 소지하고 홍콩으로 탈출해온 이들에 대한 통칭이며, 이들은 베트남을 탈출할 때 이동도구로 배를 사용했고 홍콩에 들어갈 수 있는 유효한 증명서도 없었다. 이들 저자는 '베트남 난민', '선별을 기다리는 베트남 선민', '중국 본토에서 홍콩으로 유입된 베트남 불법 입경자' 그리고 각 부류의 베트남 난민과 선민이 홍콩에서 낳은 자녀를 정확히 구분해야 한다고 주장하였다. 즉 '베트남 난민'과 '베트남 선민'을 동시에 언급할 때 선민은 난민으로 인정되지 않는 사람을 가리킨다는 것이다.

셋째, 선민에 대한 구술사 연구. 현재까지 공식 출판물에서 찾아볼 수 있는 선민 구술사 연구 저서는 『운하기억: 가흥 선민 생활구술실록運河記憶: 嘉興船民生活口述實錄』이었다. 이 연구는 가흥시 문화광

---

57 李若建, "香港的越南難民與船民[J]", 《東南亞研究》, 1997(01): pp.57-60.

전신문출판국文化廣電新聞出版局과 가흥시 문화예술연합회文聯가 공동으로 추진하였고, 대량의 자원봉사자를 동원하여 4년에 걸쳐 이 구술사 저서를 편찬했다. 이 구술사 편찬의 동기와 목적은 다음과 같다.

> 선민이라는 집단은 강남운하 체계에서 특수한 대표성을 지니는 집단으로서, 그들의 의식주, 인생의례, 생산예술, 신앙문화 등의 측면에서 뚜렷한 특징이 존재한다. 오늘날 이 집단은 급격히 축소하고 있어서 대부분이 육지로 나간 고령자이니, 이 집단의 생활방식과 문화전통에 대한 기록은 긴박하고도 의미가 크다.

이 책은 가흥에 거주하는 선민의 구술생활사 40편을 수록하고, 절강성 항주시와 호주시, 강소성 곤산시昆山市와 오강구吳江區, 산동성의 제녕시濟寧市에 거주하는 선민의 대표적인 구술사 5편을 선정하여 수록하였고 글자수 50만 자에 달한다. 이 책은 운하 주변에서 살아가는 선민의 진실된 생활형태와 생활기능과 생존방식을 상세히 소개하고 있고 운하 문화와 선민 생활을 이해하는 데 유용하지만, 거기 수록된 선민 다수는 사실 어민으로서 육지에 자기 집이나 토지를 소유하고 있어서 개념 설정이 불명확하다.

넷째, 선민에 관한 사회학·인류학적 연구. 류췬(劉群, 2009)은 하남성 신채현新蔡縣 제2세대 선민을 연구대상으로 삼아 이들의 사회적 지위가 어떻게 획득되는지, 선민의 사회적 지위 획득에 영향을 주는 요인이 무엇인지를 탐구했다. 이 연구의 주요 목표는 서양 사회학계에서 제시된 사회적 지위 획득에 관한 이론모델을 신채 선민에 적용할 수 있는지를 검토하는 것이었다. 마오샤오쥔(茆小軍, 2011)은 강소성 고우시高郵市의 선민을 연구대상으로 삼아, 현지조사와 구술사 등의 방식을 통해 한 선민 가족 조부에서 손자까지 네 세대의 생활사를 보여줬다. 저자는 이 연구를 통해 선민에 대한 일반 대중의 인식을 쇄신하려는 의도를 가지고 있었다. 또한 저자는 제임스 스콧James C. Scott이 제시한 생활 동력 기제로서의 농민의 생존윤리와 같은 해석으로 선민 생활의 전모를 밝혀낼 수 있는지, 현재 선민은 생존윤리에서 직업윤리로 가는 과도기에 있다고 할 수 있는지 등의 문제에 답하고자 했다. 이러한 사회인류학 연구는 여전히 선민에 대한 '역사적 시각'을 가지고 있었고, 뱃일을 계속하는 선민보다 이미 은퇴한 선민들에 좀 더 집중했으며 구술사 방식을 통해 자료를 수집하고 서양의 이론을 검증하고자 했다.

다섯째, 해외의 선민 연구. 이들 연구는 대체로 '하층민 사회底邊社會'의 시각으로 선민 사회와 다른 인간집단과의 경제·사회·문화적 관계를 검토했다. 예컨대 개리티Garrity가 미국 운하Erie Canal의 선민에 대해 했던 '자서전식 구술사' 연구[58], 프리Free가 1840~1970년 영국 잉글랜드와 웨일스의 운하 선민의 사회경제적 위상의 변천에 대해 수행한 연구가 있고[59], 도론Doron이 인도 강가강Ganga river/Ganges river에 거주하는 '바라나시Varanasi/Banaras 선민boatman'에 대해 민족지 연구[60]를 통해 선민과 다른 집단의 경제무역 관광업과 사회교류

---

58 Garrity, Richard G. *Canal Boatman: My Life on Upstate Waterways.* Syracuse: Syracuse University Press, 1977.

59 Freer, Wendy. *Canal Boat People, 1840-1970.* Diss. University of Nottingham, 1991.

60 Doron, Assa. *Life on the Ganga: Boatmen and the Ritual Economy of Banaras.*

의 얽힘을 연구한 바 있다.

본문에서 다루는 운하 선민은 과거 조운 시대의 인부로 거슬러 올라갈 수 있다. 중국의 운하 조운은 춘추전국 시대 제후국들이 건축한 한구·영거靈渠·조거漕渠 등으로부터 시작하여 원·명·청 시대 남북 간의 대규모 화물운반·인구이동 통로와 국가의 생명선으로 발전하였다. 19세기 중반 이후 황하 물길의 재차 변동, 근해 해운업의 발전, 태평천국운동 등의 요소로 대운하 조운은 점차 쇠퇴했고 운하 조운 인부의 운명도 조운의 쇠퇴와 함께 흔들리게 되었다. 일반적으로 조운 인부는 군조軍漕와 민조民漕로 나뉘는 바, 청말민초 후 조정이 직접 주도하는 관영 조운이 몰락하며 일부 조운 인부는 뭍으로 가서 운하 양안의 중대형 도시로 이주했는데, 그들 중에는 근대 비밀결사체인 회당會黨의 구성원이 된 이도 있고, 일부는 쿨리, 짐꾼, 집안에서 일하는 일꾼 등 하층 도시노동력으로 전환되었고, 나머지는 여전히 배가 다니던 회양운하, 강남운하에서 단거리 화물운반을 계속했다. 천펑陳峰[61], 우치吳琦[62], 다이안강戴鞍鋼[63], 저우위민周育民[64], 차오진나曹金娜[65] 등의 역사학자들이 조운 인부에 대한 연구에서 보여

Cambridge University Press India, 2013.

61 陳峰, "淸代漕運水手的結幫活動及其對社會的危害", 《社會科學戰線》, 1996(2): pp.140-145.

62 吳琦, "淸代漕運水手行幫會社的形成: 從庵堂到老堂船". 《江漢論壇》, 2002(12): pp.57-61.

63 戴鞍鋼, "淸代漕運盛衰與漕船水手纖夫", 《安徽史學》, 2012(6): pp.24-28.

64 周育民, "漕運水手行幫興起的歷史考察", 《中國社會經濟史硏究》, 2013(1): pp.58-69.

65 曹金娜, "淸代糧船水手械鬪問題探析", 《農業考古》, 2013(1): pp.58-63.

주듯, 조운 인부라는 사회집단, 특히 민간의 조운 인부 집단은 오랫동안 하층사회의 오합지졸로 간주되며 사회적 차별을 받아왔다.

1920~50년대에 운하 주변 지역에 일군의 파산한 농민과 어민들이 와서 생계를 유지하고자 운하 항운업에 종사하며 '새로운' 선민이 되었다. 1949년 중화인민공화국 수립 이후 운하 선민은 '공사합영'의 사회주의 개조에 투신하였다. 1950년 소남행정공서蘇南行政公署[66]가 설치한 '공영건화내하운수공사公營建華內河運輸公司'에 소속된 항주지사의 관리 권한이 절강성으로 넘겨졌고, 1951년 다시 '국영화동내하항운공사 절강서부지사國營華東內河航運公司浙西分公司'로 개편되었다. 공유 국유항운회사의 설립 및 개편과 함께 기존에 존재하던 사유항운기업도 개조되었다. 지방정부(강소성, 절강성 및 소속 각 시의 교통관리부처)는 이용 규제 개조라는 원칙에 따라 '공유과 사유라는 두 가지 소유형식을 겸유하고 노동자와 자본가 양측 모두 수혜公私兼顧, 勞資兩利'라는 정책으로 사유항운기업을 개조하면서 선민이 자신의 사유 자산인 배를 가지고 항운 초급합작사初級合作社에 가입하도록 독려하며, 선민들이 공동경영하는 선운대船運隊 등의 협동조합 설립을 독려했다. 이러한 사회주의 개조 정책을 통해 과거 천민이나 하층민 신분을 갖던 선민들은 갑자기 사회주의국가의 주인공인 노동자계급으로 승격되었다. 사실상 이들의 생활방식과 근무환경은 과거와 비교하면 거의 변화가 없었지만, 이들은 공기업의 구성원으로 '사회주의 단위체제'에 편입되었고, 선민은 과거의 사회적 신분에서 순

---

66 역주: 1949년 4월~1952년까지 존재했던 현재의 강소성 남부 지역을 관할하는 성급 행정구역인 소남행서구蘇南行署區의 행정기관이다.

수한 직업 신분으로 전환되었다. 이후 초급합작사와 선운대가 고급 합작사로 승격되고 다시 인민공사로 개편되었고, 1980년대 개혁개방이 가져온 시장화 물결에서 인민공사가 해체되고 국유 및 공유 항운 회사가 회복되면서 이들은 '선운회사'에 들어가게 되었다. 그리고 1990년대에는 국공유 기업에 대한 시장화 개혁에 따라 선운회사가 해체되며 선민들은 개인 상공호(개인 자영업자)가 되었다. 현재 선민 대부분은 여전히 '회사에 속한' 방식으로 (그러나 사실상 개인 자영업자로서) 운하에서 물자 운송 일을 하고 있다.[67]

구시지아顧希佳는 앞서 언급한 운하 선민 구술사 연구에서, 항주, 가흥, 호주시 일대의 운하 선민 중 현지 출신은 거의 없고 대부분 북방지역 출신이라는 사실과, 그들의 조상이 원래는 선민이 아니라 농민이었는데 근대 이후 생계문제 때문에 북방을 떠나 이 지역으로 이주해 왔다는 사실을 발견하였다. 그렇다면 오늘날 운하에서 생활하는 선민들은 이들 북방 이민의 후손인가? 만약 아니라고 하면 이들은 과거의 선민과 어떤 관계인가? 새로운 선민들은 어디에서 왔으며 왜 왔는가? 필자는 이런 문제들에 답하려면 기존 연구처럼 역사 문헌이나 이미 육지에 정착한 옛 선민의 구술사 등의 접근만으로는 부족하고, 반드시 선민의 실제 삶을 참여관찰하는 민족지적 연구를 채택해야만 현대 선민의 존재방식과 삶을 알 수 있다고 생각한다. 본 연

---

67 역주: 이러한 경우는 중국의 시장화 개혁 과정에서 자주 나타난다. 보통 이를 '과카오掛靠', 즉 서류상 이름을 붙이고 어떠한 기업의 구성원으로 등록한다는 뜻으로 부른다. 시장화 개혁 이후 자신이 스스로 책임지는 개인 사업자가 기업 사원보다 사회복지, 세금혜택, 공공의료서비스 등 다양한 분야에서 혜택을 덜 받기 때문에 이러한 과카오 현상이 출현한다.

구는 선민이라는 연구대상에 있어서, 육지에 정착한 옛 선민 뿐만 아니라 여전히 배를 동시 일터와 생활공간으로 삼는 사람들을 모두 포함하였다. 이렇게 범위를 정함으로써, 과거와 현재에 배를 생산 운반의 도구로 사용하는 어민과 농민은 제외하게 되지만, 시장화 개혁 이후 배의 주인船主에 의해 고용되어 운하에서 장기간 배를 운전하고 배 안에서 생활하는 노동자인 선공船工은 포함하게 된다. 따라서 본 연구에서 언급하는 현대 선민은 첫째, 육지에 이주하여 더 이상 뱃일을 하지 않는 옛 선민, 둘째, 여전히 뱃일을 하며 배에 거주하는 선주, 셋째, 선주에 의해 고용된 운하 수송선의 선공, 이렇게 세 부류를 포함한다.

선민에 대해 필자가 실시한 설문조사 결과를 분석해 보면, 총 응답자 선민 중 안휘성 출신자가 약 6할(58.5%)을 차지하고 절강성 출신은 2위로 뒤이어 25%에 달한다. 출신지에 대한 응답 가운데 강소성, 중경시, 호북성, 산동성 등도 있다. 선민의 세대에 관련된 설문에 대한 응답에서 2/3의 응답자는 자신이 1세대 선민이라고 밝혔고, 2세대 선민이라고 답한 선민은 13.2%였으며, 3세대 이상 된 '세습 선민'도 전체 조사인원의 20.2%를 차지했다. 선민이라는 직업을 선택한 원인에 대한 대답을 순서대로 나열해 보면, '높은 소득' 34.2%, '아버지의 일을 이어받음' 25%, '다른 기술이 없음'과 '혼인으로 인해'가 각각 15.8%였다. 선민 소득에 대한 조사결과를 보면, 선주의 경우 최근 5년간 가정 연평균 수입이 11~20만 위안元이 절반 정도(49.3%)로서 1인당 연평균 수입이 약 6만 위안이었다. 선공의 경우 매달 순수입이 4,000~6,000 위안인 응답자가 79.1%였다. 선주건 선공이건 경제적 수입은 같은 시기 중국 1인당 실소득(가처분소득)의 2배인 것이다.[68] 세습 선민이 감소하고 새로운 세대의 선민이 점차 운하 선민의 주류가 되는 주요 원인은 경제적 이익의 추구에 있으며, 따라서 그들은 부득이하게 열악한 작업환경과 과중한 작업압력 그리고 전통적 사회문화 차별을 받아들이고 있었다.

---

68 중국 국가통계총국이 2016년도에 발표한 경제수치에 따르면 1인당 가처분소득은 33,852.91위안/연이다. (http://data.stats.gov.cn/ks.htm?cn)(검색일시: 2018. 04.22.)

III

현지조사

운하 선민에 대한 민족지 연구의 계획과 실시

 민족지 연구의 계획

본 연구는 2017년 7월 13일 당서塘栖에서 시작하여 10개월에 걸쳐 총 26회의 현지조사를 실시했고, 글자수 30만 자에 달하는 인터뷰 자료와 현장 기록을 수집했고 1,000장이 넘는 사진을 촬영했다. 이 단계에서 우리 연구진은 또한 310명 선민에 대한 설문조사를 수행했다. 설문의 조정 등 문제로 인해 회수된 310부의 설문지 중 32부는 무효가 되어, 회수된 유효 설문지는 299부로 회수율은 87.7%였다. 현지조사의 지역적 분포를 보면 주로 항주시 의교해사부두義橋海事碼頭, 영파시, 소흥시, 가흥의 동향시桐鄉市, 그리고 강소성의 의흥시宜興市, 회안, 양주 등지에서 조사를 실시했다.

우리는 문화인류학에서 많이 사용하는 세 가지 연구방법을 채택하여 현지조사를 수행했다. 첫째, '주요 제보자key-informant 인터뷰'였다. 여기서 주요 제보자는 육지에 정착한 선민과 그들의 후손들, 여전히 뱃일하고 있는 선민들, 운하에 관련된 유산 전문가 및 학자 등을 포함한다. 둘째, '배와 함께 조사'하는 방법으로서, 생활현장과 작업현장에 대한 참여관찰을 했다. 연구진은 운하 부두에서 선민의 일상을 관찰하고, 운하의 여러 구간에서 선민들의 운송선에 탑승하여 뱃일 과정과 작업환경을 관찰했다. 셋째, 설문조사다. 연구진은 첫째와 둘째 연구방법으로 얻은 자료를 바탕으로 설문지를 설계하여 설문조사를 실시했다. 설문지에는 운하 선민의 생계방식, 사회이동, 운하의 환경보전, 운하 유산 그리고 선민의 일상생활방식 등의 내용이 포함되었고, 연구진은 설문지를 배포하기만 한 게 아니라 직접 일대일 면담을 통해 이야기를 깊이 나누며 조사원이 설문조사를 완성하였다.

현지조사 과정에서 대운하 유산과 관련된 정부 관리부처 및 전문조직에 대한 조사도 진행하였다. 본 연구의 대상이 된 정부 부처는 항주시 원림문물국杭州市園林文物局, 영파시 해사국寧波市海事局, 강소성 회안시와 양주시 문화광파신문국文化廣播新聞局의 유산관리부처, 회안시 해사국淮安市海事局 등이 있으며, 전문 조직과 단체로는 영파문물연구소寧波文物研究所, 여항박물관餘杭博物館(중국강남수향박물관中國江南水鄉博物館), 중국경항대운하박물관中國京杭大運河博物館 등이 있었다. 또한 필자와 연구진은 일상에서 선민과 왕래하는 현지의 어민과 농민에 대한 인터뷰도 추가로 진행했고, 대운하 역사문화를 전공한 항주시의 운하 연구자와 요성대학聊城大學 운하연구원運河研究院, 양주대학揚州大學 운하연구센터運河研究中心 등의 전문연구기관을 방문하여 전문적인 의견을 수렴하였다.

이러한 현지조사에 대한 구체적 설계에도 불구하고 실제 조사 과정에서 필자와 연구진은 여러 가지 어려움을 겪었다. 선민들을 어떻게 찾을 것인지, 과연 어떻게 인터뷰가 가능할지도 문제였고, 앞서 언급했듯 누가 선민인지라는 개념설정이 가장 큰 문제였다. 실제 조사 과정에서 우리 연구진은 사람들이 운하에서 일하는 어민·농민과 선민을 혼동하는 경우가 많고 이들도 모두 선민이라고 말하는 경우가 많다는 것을 발견했고, 운하 선민과 역사 속의 '물위에서 살아가는 사람들'이나 단민이나 '아홉 개 성씨를 가지는 어민'의 관계를 어떻게 봐야 할지, 그리고 운하 선민은 운하에서 대량 수송에 종사하는 사람만 가리키는지 아니면 관광이나 여객수송에 종사하는 사람까지 포함할지, 그리고 과거의 운하 선민과 현재의 운하 선민 사이의 관계를 어떻게 정의할지 등등 문제가 적지 않았다.[1]

또 하나의 난제는 운하 선민에 대해 어떤 구체적인 내용과 주제를 다룰 것인 가였다. 본 연구의 출발점은 운하 선민에 대한 조사연구를 통해 세계문화유산 등재 이후 중국대운하 유산 보호 참여주체의 다양화를 고민하려는 것이었다. 그러나 현지조사 과정에서 필자와 연구진이 예상했던 선민과 대운하 유산 간의 '문화적 친밀성'을 발견하기는 어려웠지만, 선민들의 일상에 대한 참여관찰을 통해 우리는 선민들이 가진 유산 인식과 보호 실천을 발견할 수 있었다. 예를 들어 대운하 역사에 대한 이들의 기억과 내러티브, 대운하 유산의 구성요소에 대해 이들이 나름대로 구성해 내는 담론체계, 대운하 환경 변화

---

1 嘉興市文廣新局, 『運河記憶: 嘉興船民生活口述實錄』, 上海書店出版社, 2016.

에 대한 감지感知와 행동, 세계문화유산 기준에 부합되기 위한 대운하 연안 경관 개발에 대한 태도 등의 측면에서, 선민들은 국가 담론이나 유산전문가들의 생각과 큰 차이가 있었다. 우리는 이런 문제들에 대해 숙고하며 현지조사를 4개월간 수행한 후 구체적 연구주제와 내용을 이렇게 확정했다: 첫째, 운하 선민의 사회 계층적 양태, 둘째, 운하 선민과 운하 환경, 셋째, 운하 선민과 유산 보호 실천. 이 책에서는 이 중 세 번째 주제보다 첫 번째와 두 번째 주제를 집중적으로 다룰 것이다.

그렇다면 운하 선민을 어떤 방법으로 연구할 것인가? 역사학자들이 '운하 연안 주민의 생활방식'이라는 연구주제를 다룰 때 그들은 주로 운하 연안 주민의 사회생활사에 집중한다.[2] 즉 역사민족지歷史民族誌의 시각으로 역사자료에 기록된 운하 연안 주민들의 생활방식을 발굴하여 재현하려는 경향이 크다. 이러한 역사학적 접근은 장점이 크지만, 필자는 생활방식으로서의 운하는 일상적으로 운하에서 살아가는 선민에게서 체현된다고 보고 이러한 측면에 초점을 맞추고자 했다. 아쉽게도 선민 집단에 대한 역사 자료와 기록은 부족한 상태여서, 우리는 지금도 운하에서 뱃일을 하며 살아가는 '살아있는 형태의' 선민의 실제 생활을 연구하기로 했다. 일반적으로 선민과 같은 '특수한' 집단에 대한 연구에서 문화인류학적 민족지 연구는 많은 장점을 가지는데, 선민과 같은 집단은 상대적으로 폐쇄된 공동체적인 특성을 지녀서 평상시 접근이 어렵지만 민족지적 연구방법으로 연구자가 이들의 일상적 일과 삶을 장기간 참여관찰할 수 있고, 이를 통

---

2 吳欣, "從'制度'到'生活': 運河硏究的新維度", 《光明日報》, 2016.08.10, 14版.

해 일상생활의 실천 속 사회구조와 문화관행을 이해할 수 있기 때문이다. 우리는 네 가지 조사연구 원칙을 정했다.

첫째, 질적 연구와 양적 연구의 결합. 선민의 실제 생활양태를 깊이 이해하기 위해 우리는 먼저 개별 인터뷰라는 질적 연구방법을 택하여, 34명의 선민을 대상으로 반半구조화된 인터뷰semi-structured interview를 실시하여 34개의 개별 사례를 수집했다. 이러한 사례의 수집과 분석은 앞서 언급한 선민의 개념설정, 연구주제 및 내용의 설정, 그리고 설문지 설계 등의 연구작업에 큰 도움이 되었다.

둘째, 주요 제보자의 가족에 대한 구술사 조사. 오늘날까지 운하 항운업에 계속 종사하는 2대, 3대 선민 혹은 3대 이상의 선민 가족은 우리가 선민 사회계층의 고착화와 사회이동을 이해하는 데 중요한 가치를 지닌다. 본 연구는 설문조사 대상인 300여 명의 선민 중에서 성별, 연령, 출신지, 세대 차이, 그리고 체제 내에 있는지 여부(회사 사원 신분 유지 여부)라는 5개 특징을 기준으로 10개의 선민 가족을 선정하여 구술사 추적 연구의 대상으로 삼았다. 이러한 구술사 연구를 통해 '거시사'가 선민 개인의 생애 혹은 선민 가족의 전승이라는 '미시사' 속에 어떻게 투영되는지 볼 수 있으며, 선민이 주변적 집단으로서 거대한 사회·역사·문화적 배경 속에서 어떻게 변천해 왔는지 알 수 있다.

셋째, 학제간 연구. 기존의 선민 연구는 주로 역사학·민속학·사회학에서 이뤄져 왔고 선민의 현실생활에 대한 민족지적 조사는 이뤄지지 않았다. 이런 연구들은 선민 집단을 '천민 계층'과 '하층민 사회'로 바라보면서도 그들의 역사·문화적 특수성에 대해 묘사하고 기록하는 데 초점을 맞추었고, 현실적 시각에서 선민이 가지는 생존 권리에 대한 조사와 분석은 잘 이뤄지지 않았으며, 선민의 작업과 생활 공간 그리고 운하의 환경체계에 대한 학제적 연구는 부족했다. 이에 본 연구는 역사학·민속학·인류학자가 함께 참여함은 물론 환경과학과 인권 분야 학자도 함께 하였다.

넷째, 인류학적 민족지 연구의 전통적 연구방법론을 따르되, 움직이는 이들에 대한 조사연구를 통해 연구방법과 관점을 확장하였다. 전통적인 민족지 연구에서는 고정된 장소를 중심으로 장기간 참여관찰과 심층면담을 통해 자료를 수집하지만, 본 연구는 일종의 '길'을 통한 '인/물의 민족지'인 '도로 민족지Road Ethnography'를 지향하였다. 도로 민족지는 도로Road·Route를 단서로 연선 촌락·유적·건축물·자연환경 등의 물질적인 실체와 이들에 부착된 민속과 풍습·설화와 전설·민간음악·전통곡예 등 물질성과 인간성이 통합된 무형문화를 탐색하는 연구방법으로서,[3] 일종의 이동궤적에 대한 '서사적 민족지'이다. 이는 사람과 물건들이 이동하는 궤적에서 드러나는 각종 현상을 바탕으로 이러한 이동궤적과 관련된 거시적이고 구조적인 배경을 이해하는 방법으로서, 자연적 혹은 인위적 환경 속에서 인간과 물건의 궤적을 탐색하고자 시도하는 것이다. 우리는 이러한 탐색을 통하여 전통적 민족지 연구에서 인간이 모여 사는 취락聚落에만 치중하던 인간중심 사고방식에서 벗어날 수 있고, 물질적·자연적 환경을 단서로 그 환경의 제약을 받는 인간을 탐구하고 사람과 자연의 관계를 밝혀낼 수 있다.[4] 선민의 일과 삶의 기반인 운하도 이와 비슷한

---

3 劉朝暉, "文化景觀帶再生產: 浙江古道休閑文化旅遊研究", 《廣西民族大學學報(哲學社會科學版)》, 2018(3).

도로 혹은 이동선로의 특징을 갖고 있으며, 더군다나 이는 아직도 살아있는 선로이다. 따라서 본 연구는 대운하의 통항 구간인 산동성 제녕시~절강성 영파시 구간을 연구 구역으로 설정하여, 고정된 선민 취락과 운하 연안의 부두, 그리고 선로에서 이동하는 수송선을 본 연구의 구체적인 공간으로 삼아 연구를 수행하였다.

② 민족지 연구의 과정

2017년 7월 13일 연구진은 대운하 항주 구간의 한 유람선에 모여 연구를 시작했다. 본 연구진을 포함하여 항주 운하조운사運河漕運史 연구팀, 중국강남수향박물관, 절강성 표준화연구원浙江省標准化研究院, 절강대학 시정공정연구소浙江大學市政工程研究所 등 연구기관과 개인들이 이 모임에 참석했다. 본 연구진은 연구의 기본 논리, 내용, 방법과 연구계획을 설명했고, 항주 운하 종합보호센터 측에서도 제안과 건의를 제시하여 우리가 다시 연구주제 설정에서 이를 참고하였다.

2017년 7월 20일 연구진은 1차 현지조사를 본격적으로 시작했다. 이날 조사원 4명이 절강성 가흥시의 동향桐鄕시에 가서 선민에 대해 현지조사를 진행했다. 동향시의 선민을 첫 번째 조사대상으로 선택한 이유는, 우리 졸업생 중 한 명이 이 지역 출신으로서 선민들에

---

4 趙旭東, "線索民族志: 民族志敘事的新範式",《民族研究》, 2015(1): p.48.

대해 이야기해준 바가 있었기 때문이다. 그는 고향에 선민이 있었고 자신도 어릴 때 선민들을 자주 봤었지만 모두 외지인 출신이고 현지인 출신은 선민이 될 수 없다고 했고, 우리가 이유를 묻자 그는 "어릴 때 부모님이, 강소 북부 사람만 선민이 될 수 있는데 그들은 조상 때부터 형편이 어려웠기 때문이라고 말해주셨다"고 답했다. 우리는 동향시의 운하 옆 중산시멘트공장中山水泥廠에 도착했는데, 시멘트 원자재인 자갈을 운반하는 수송선 2척이 공장 부두에 머물고 있었다. 일꾼들이 자갈을 배에 내리는 일을 바쁘게 하고 있어서 조사원들은 이 틈을 이용해 배에 올라 선장과 인터뷰를 했다.

이날 기온이 섭씨 40도였고, 선실 안의 온도는 섭씨 50도가 넘었다. 성실하고 후덕한 선장 주朱씨는 평상시에 거의 안 쓰는 에어컨을 우리를 위해 켜줬지만 그래도 선실 안 온도는 섭씨 30도 이하로 내려가지 않았다. 이 날의 조사는 예비조사로서 연구계획과 문헌연구의

결과에 따라 심층면접의 내용과 구조에 대한 초보적인 구성을 해보는 것이었다. 주 선장 등 조사대상과의 면접조사를 통해 우리는 선민이 자기 신분에 대해 가지는 인식, 배 안의 생활양식, 선민의 생계방식, 신앙관습, 운하 유산에 대한 인식 등 기초적인 정보를 수집했다. 조사가 끝난 이후 연구진은 항주에서 현지조사 토론회를 열었다. 연구진 구성원 간 의견의 불일치가 약간 있었지만, 이번 예비조사를 통해 선민에 대한 개념 설정과 면접조사에 대한 전체적인 틀을 잡아나갈 수 있었다.

동향 선민에 대한 조사를 통해 연구진은 향후의 현지조사 방식을 정했다. 첫째, 선민의 일과 삶에 대한 참여관찰과 설문조사는 팀워크로 추진하고, 참여관찰과 설문조사 결과에 기반하여 조사원이 각자 주요 제보자들과 단독으로 심층면담과 구술기록물 정리작업을 진행하는 방식이었다. 둘째, 매일 현지조사가 끝난 후 숙소에서 현지조사

토론회를 열었다. 토론회에서 조사원들이 각자의 조사과정, 발견 사항, 현지조사 과정에서 얻은 생각과 느낌 그리고 의문들을 중심으로 발표하고 서로 토론하고 논의했다. 셋째, 현지조사에서 수집된 설문지, 녹음자료, 토론회 회의록 등에 대한 정리는 48시간 이내 마무리하였다.

2017년 7월 21일, 연구진 중 4명은 중국강남수향박물관을 방문하여 관장과 만나, 그의 소개로 여항구 박륙향博陸鄉에 거주하는 '선민' 4명을 만나 면접조사를 했다. 우리는 그가 소개해 주려는 '선민'들이 사실은 어민으로서 우리가 설정한 선민 개념범주에 포함되지 않는 이들임을 재빨리 알아차렸지만, 그럼에도 불구하고 이들에 대한 조사를 그대로 수행하여 '선민' 신분에 대한 관점을 '간접적으로' 검증해볼 수 있었고, 선민의 신분 특징이 더 명확해질 수 있게 되었다.

2017년 7월 24일 항주 종합보호센터의 소개로 연구진은 항주시 항만항운관리국港灣航運管理局 내하관리처內河管理處 의교해사소義橋海事所를 방문하여 갑문 통과를 기다리는 선민을 방문조사했다. 이를 통해 우리는 선민의 유형, 즉 배의 주인과 선원의 구분을 명시화하게 되었고, 선민의 혼인과 가족, 사회복지 상황, 배 안의 생활방식, 생계방식, 사회관계, 신앙관습 등 일련의 기초 정보도 얻을 수 있었다.

상술한 3차에 걸친 조사는 전체 연구과정의 예비조사로서 선민의 신분적 특징을 명확히 파악하고 연구주제를 설정하게 해주었다. 우리는 선민의 기본 생활양식, 혼인 및 가족, 생계방식 등의 기초적인 정보를 수집했고, 유산 보호에 대한 선민의 인식 등 문제도 초보적으로 다루었다. 8월의 무더위로 현지조사는 어쩔 수 없이 중단되었지만, 문헌수집 및 정리 작업과 설문지의 설계는 계속해서 추진되었다.

2017년 9월 연구진은 설문지 설계와 인터뷰 질문요강의 설계에 대해 다시 토론회를 열어 설문지와 인터뷰 질문요강의 초고를 완성했다.

2017년 9월 15일 연구진 중 5명 구성원은 절강대학의 류위에劉越 교수와 함께 강소성 의흥시 장저진張渚鎭의 '선민촌船民村'인 당남촌 塘南村, 신동신촌新東新村의 선민을 방문했다. 현지에서 2명의 옛 선 민에 대한 초보 인터뷰를 하고서 우리는 이 두 마을을 새로운 조사현 장으로 정했다. 선민촌은 원래 '의흥시 항운공사 장저지사宜興市航運 公司 張渚分公司'였다. 1949년 중화인민공화국 수립 후 이 회사가 현 지의 항운관리참航運管理站이라는 부처에 의해 관리되었고, 1955년 사회주의개조 운동 당시 현지 정부는 호조합작사互助合作社를 조직 하여 선민들을 입사시켰으며, 그 다음 해인 1956년 '선민초급합작사 船民初級社'가 새로 만들어졌다. 1958년 대약진운동 시기 마오쩌둥의 '일대이공一大二公'5에 호응하고자 기존의 초급합작사들이 고급합작 사로 병합되어 '당남고급합작사塘南高級合作社'가 만들어졌다. 1979 년, 당남고급합작사는 장저항운조선공장張渚航運造船廠과 합병되어 다시 '의흥시 항운공사 장저지사'가 되었고, 이 회사는 2002년 파산 을 선고했다.

2017년 9월 21일 연구진 중 일부는 다시 의교해사소에 찾아가서 소장과 5명의 선민을 인터뷰했다. 2017년 10월 27일부터 10월 29일 까지 3명의 조사팀은 의흥시 장저진에 가서 이미 육지에 정착한 옛

---

5 역주: 대약진운동 시기 시작된 인민공사운동의 특징을 가리키는 말로서, 인민 공사운동의 특징 하나는 새로 만든 인민공사의 규모가 크다는 것이고大, 다른 하나는 새로 만든 인민공사의 공유화公 수준이 높다는 의미였다.

선민을 대상으로 면접조사를 실시했다. 이 면접조사를 통해 이들 옛 선민이 운하에서 뱃일을 했던 역사와 경험에 대해 알게 되었는데 그들 중 대다수는 자기 소유의 배를 갖고 있었고, 사회주의 개조 시기 이들은 자신이 소유한 배를 자발적으로 국가에 무상 상납하고는 합작사의 사원이자 국가가 인정하는 노동자계급의 일원이 되었다. 선민들의 배우자도 대부분 선민 출신이었으되, 근처 농가의 '농민' 여성을 배우자로 맞는 선민도 점점 늘어났다. 이들은 "당시 운하 연안의 여성들이 우리 선민과 결혼하는 것에 대해 전혀 거부감이 없었다"고 했다. 이들은 "노동자와 결혼하면 평생 철밥통이 보장된다"고 여겨지던 1960년대 당시에 대해 자랑스러워했다. 그러나 이들은 여전히 육지에는 자기 집도 땅도 없었다.

1961년에 이르러 단위(딴웨이, 單位) 사원이 늘어나면서 합작사는 운하 근처의 마을에서 일부 토지를 구매하여 사원들에게 공공주택을 지어줬지만, 선민들에게 분배한 생활공간은 매우 작았고 거의 집단 숙소같아서 다들 2단식 침대에서 잤고, 선민들의 자녀가 육지에서 학교를 다닐 때도 이런 곳에 거주하여 다들 불편했던 기억을 생생히 갖고 있었다. 현재 이들 옛 선민들은 대부분 은퇴하여 매달 정부로부터 2~4천 위안의 퇴직연금을 받고 있지만, 은퇴한 선민 중 일부는 아직도 1960년대 당남촌에 지은 공공주택에 거주하고 있었다. 이 주택의 외관은 이미 많이 노후화되어 있었고, 근처에 새로 지어진 호화로운 고층아파트는 하천을 사이에 두고 있어서 이 낡은 주택과 선명한 대비를 이루고 있었다. 이렇게 마치 분할 화면처럼 구분되는 광경은 사회에서 잊혀져 가는 선민의 삶을 보여주는 듯했다(사진 참조).

의흥시 장저진 당남촌 전경
하천 맞은편의 신축 고층 아파트와 대비되는 낡은 주택이 바로 선민들이 1960~70년대에 배분받은 숙소로서, 지금도 일부 선민은 여기 살고 있다.

이번 현지조사를 통해 우리는 이제 물을 떠나 육지에 정착한 옛 선민들에 대해 많은 구술사 자료를 수집했는데, 이미 우리가 설계해 놓은 설문지와 인터뷰 질문과 그들의 실제 상황이 서로 맞지 않는 부분도 있다는 것을 발견했다. 조사 직후 진행된 토론회에서 연구진 은 옛 선민과의 인터뷰 내용을 정리하면서 그들을 설문조사의 대상 에서 제외시키기로 했고, 향후의 현지조사에서는 옛 선민에 대해 심 층면담과 개인생활사 사례수집만을 진행하기로 했으며, 설문조사는 현재 뱃일을 하고 있는 선민에게만 하고, 이들 중 사례를 선택하여 중점 면접조사를 실시하기로 했다.

2017년 11월 14일 연구진은 다시 항주 의교 해사부두에 찾아가서 수정된 설문지와 인터뷰 질문을 가지고 조사를 진행했다. 이후 11월 26일, 12월 3일, 12월 9~10일, 12월 14일, 12월 17일, 12월 31일 6차 례의 설문조사와 심층면담을 거쳐 272부의 유효 설문지를 회수했고, 30여 명의 선민에 대해 면접조사를 했으며 18부의 면접조사 기록을 정리했다. 2018년 2월~3월 연구진은 설문지 데이터 처리를 하고서 전체가 모여 데이터 분석 관련 토론회를 하면서 연구보고서의 기본 구조와 논리체계를 검토했다. 2018년 4월 연구진은 소흥시에 가서 운하에서 이용하는 수송선을 제조하는 조선공장을 방문했다. 5월 연구진은 종합보호센터와 함께 강소성 회안시, 양주시의 운하관리부처에 방문하였다.

현지조사 과정을 총괄적으로 보자면, 매번 현지조사 후의 토론회와 인터뷰, 회의록에 대한 정리는 빠짐없이 진행했고, 현지 토론회에서 연구진 구성원들은 현지조사 과정에서 얻은 정보와 감상을 공유하고 의문점을 서로 나누며 토론했다. 이러한 공유와 토론을 통해 현지조사에서 나타난 부족한 점을 분석하면서 향후 현지조사 내용을 보완하고 발전시켜 나갔고, 최종적으로 약 30만 자에 달하는 현지조사 자료를 얻을 수 있었다.

IV

운하 선민의 생활세계와 사회적 장벽

이번 장에서는 운하 선민의 생활세계의 일상적 표현을 중심으로 그들의 작업공간과 생활공간을 통해 운하 선민의 삶을 살펴보고자 한다.

① 운하 선민의 특징과 생활세계

1) 성별과 연령

우리가 인터뷰한 선민의 남녀 성비는 약 7 : 3이었다. 이 비율만으로 보면 선민의 성별은 불균형해 보이는데, 사실 이는 항운업 종업원의 대다수가 남성이라는 총체적 상황 속에서 보아야 할 것이다. 연구진의 참여관찰에서 보면 보통 700톤급의 수송선을 조종하려면 대략

3명의 선민이 필요한데 그 중 여성은 최대 1명이 있었고 그 여성도 보통은 나머지 두 명 남성 선민 중 1명의 배우자인 경우가 많아서, 여성이 독자적으로 항운업에 종사하는 경우는 발견하지 못했다. 수송선의 선원이 남성만으로 구성된 경우도 상당수였다. 응답자의 나이를 보면 40대~60대의 중년층 응답자가 61.7%에 달했고 40대 이하 청년층 선민은 33.4%였다.

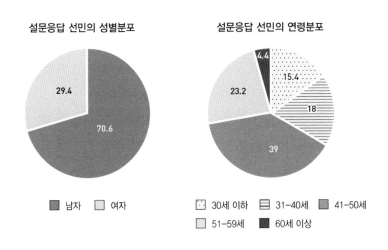

설문응답 선민의 성별분포 / 설문응답 선민의 연령분포

2) 출신지籍貫

대운하 항주 구간에서 우리 설문조사 응답자 중 58.5%가 안휘성 출신이었는데, 이는 안휘성이 외지 노동자 주요 수출지역으로서 가지는 위상을 반영하며 역사적 연속성도 보여준다. 안휘성은 인구가 많고 토지면적은 협소하며 경제발전수준은 높지 않은 편이며, 관내 하천과 호수가 많고 대운하도 안휘성을 지나가므로 뱃일을 생계유지 수단으로 삼는 사람이 많았다. 따라서 안휘성은 선민을 많이 배출하는 지역으로 인식되어 왔으며, 외지로 나가 생계를 도모하는 사람도 워낙 많은 곳이었다. 그 다음으로는 절강성 출신의 선민이 약 25%를 차지했는데, 이들은 주로 절강성의 태주시台州市, 소산시, 소흥시, 영파시 주변의 농촌지역 출신자로서 절강성 내외의 단거리 항로 운송에 주로 종사하여, 예를 들면 항주에서 출발하여 전당강과 운하를 통해 서쪽의 동려현桐廬縣이나 동쪽의 상해시上海市까지 운항하곤 했다. 안휘성과 절강성 외에는 강소성, 중경시, 호북성, 산동성 지역 출신의 선민들도 있었다. 조사 과정에서 우리는 강소성을 강소성 남부와 북부로 나눴는데 그 이유는, 첫째, 역사문헌과 선민 관련 기존연구에서 강소성 외부의 사람들이 강소성 출신자를 소남蘇南, 소북蘇北을 나누어서 부르는 경우가 많았고, 둘째, 실제 조사과정에서 강소성 출신자들은 출신지에 대해 스스로 소남과 소북을 구분해서 대답하는 게 일반적임을 발견했기 때문이다. 이러한 상황을 종합하여 연구진은 설문지에서 출신지 관련 응답을 강소성 남부와 북부로 나눴다.

3) 교육 수준

설문조사 응답자 중 87%는 중졸 이하의 학력을 갖고 있었고 글자를 아예 모르는 응답자도 10.7%였으며, 대졸 이상은 약 2%였다. 선민 집단의 교육수준은 낮은 편임을 알 수 있고, 대졸 이상 학력 소지자의 절대 다수는 30세 이하의 청년이며 50세 이상의 선민 중 대졸 이상 학력자는 없었으니, 전체적으로 선민 집단에서 젊은 사람의 학력이 높은 추세임을 알 수 있었다.

설문응답 선민의 연령과 학력 교차분포

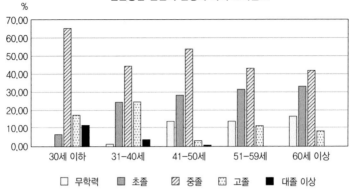

□ 무학력　■ 초졸　▨ 중졸　⊡ 고졸　■ 대졸 이상

4) 자녀 상황

응답자 중 57.7%는 자녀가 두 명 이상 있었고 6.3%는 아이가 없었으며, 일부 미혼이거나 결혼한 지 얼마 안 되는 젊은 선민들은 "일단 돈을 좀 벌고서 나중에 아이를 가질 생각"이라고 했다. 연구자는 선민들이 육지가 아니라 물위에 살고 있으므로 정부의 산아제한 정책 관련 감시체제 밖으로 이탈하는 경향이 있을 것이라고 예상했었는데, 조사결과를 보니 이런 우리의 예상은 사실과 전혀 부합하지 않았고, 선민 가족의 자녀 숫자는 육지의 일반인과 별로 다르지 않았다.

선민 자녀의 부양 상황도 육지의 다른 이들과 크게 다르지 않았는데, 대부분의 선민 자녀는 육지에서 학교에 다니거나 일하고 있었다. 현지조사 과정에서 우리는 방학을 이용해 부모를 만나러 와서 배에서 노는 자녀들을 종종 볼 수 있었다. 과거에는 자녀들이 선민 부모와 함께 배 안에서 생활했지만 이제는 선민의 자녀들이 부모와 함께 배에 머무는 시간은 길지 않았다. 선민들은 "요즘 아이들은 배에 한 번 와서 놀고 나면 너무 지루하다면서 다시는 오지 않으려 한다"고 했다. 우리가 발견한 한 어린아이는 부모가 끈으로 배에 묶어놔서 배에서 나가지 않도록 해두기도 했다.

5) 혼인 상황

응답자 중 기혼자는 96.7%였고 미혼자는 2.9%에 불과했으며 이혼한 선민은 1명뿐이었다. 기혼자 가운데 배우자도 선민인 경우가 60.3%에 달했고, 25.4%는 배우자가 어민 또는 농민이었으며, 11.0%는 배우자가 도시 주민이었다. 이러한 결과를 보면 선민의 통혼권은 넓지 않은 편이고 대부분이 자신과 비슷한 출신, 학력과 소득 집단에 집중되어 있었으며, 이러한 통혼권의 제한은 선민들의 사회관계에도 영향을 미치고 있었다. 다만, 약 40%의 배우자가 선민 출신이 아니라는 사실은 과거의 선민 통혼권이 엄격한 신분질서로 인해 지녔던 '폐쇄성'이 상당히 약해지고 있음을 보여주는 것으로서, 사회의 개방과 변화에 따라 선민과 다른 집단 사이의 교류와 이동이 점차 강화되고 있는 것이다. 혼인 방식에 대한 응답에서는 대다수가 '가족과 지인의 소개'로 결혼하게 된다고 답했다. 자유연애로 결혼했다고 답한 여성 선민이 몇 명 있었는데 그 중 한 명은 "남편과 같이 공장에서 일하면서 만났는데 그의 집안이 선민 집안이란 건 몰랐고, 나중에 결혼하고서 우리를 배에 태우고 나서야 그가 선민이란 걸 알게 되었다. 그전에는 배에 타본 적이 없다"고 했다.

혼인관계에서 현대 선민 배우자의 출신은 분명한 성별 차이를 보여주는데, 육지로 이주한 옛 선민의 경우엔 남녀를 막론하고 선민집단 내부에서 혼인 상대를 찾았다. 지금도 뱃일을 하는 선민 중 나이가 50대 이하인 남성들은 선민이 아닌 배우자와 결혼한 비중이 높았고, 농민이나 어민, 일반 도시민과 결혼한 경우도 있었다. 심지어 50대~60대 남성 선민 가운데 농민 여성과 결혼한 비중이 선민 여성과 결혼한 비중보다 높았다. 반면 30대 이상의 여성 선민의 남성 배우자는 모두 선민이었고, 30대 이하의 여성 선민 중 남편이 선민이 아닌 사례가 많아지고 있다고는 해도 여성 선민의 '내혼제' 즉 집단 내에서 통혼이 이뤄지는 관행이 본질적으로 바뀌진 않았음을 발견할 수 있었다.

이러한 성 불균등 특징은 한편으로 선민 집단의 혼인에 있어 전통 사회로부터 이어져온 사회심리적 관행의 영향력을 보여주는 동시에,

새로운 사회체제의 수립이 가져온 선민 통혼권의 변화도 반영하고 있었다. 1949년 신중국 수립과 '공사합영' 제도의 시행으로 원래 천민이던 운하 선민이 노동자 계급의 일원으로 국가에서 인정을 받으며 비교적 높은 정치·사회적 지위를 얻게 되었다. 이들은 단위체제의 일환으로 편입되면서 상대적으로 좋은 사회복지 보장을 받았고 남성 선민은 농민보다 좀 더 좋은 위치를 차지하게 되어, 여성 농민들이 남성 선민을 선호하는 계기가 되었다. 그리하여 선민 집단은 선조처럼 차별받는 천민계층으로서 선민 집단 내에서의 통혼만 하는 관행을 벗어날 수 있었다. 통혼권의 확대는 어느 정도 선민 집단과 주류 사회가 기존의 '사회적 장벽'을 조금씩 깨면서 '사회적 융합'으로 옮겨가고 있음을 보여주지만, 이러한 변화에 여전히 성별 불균등이 존재하고 있었다는 점 또한 우리는 주목해야 한다.

6) 뱃일 경력

응답자 가운데 뱃일을 한 경력이 10년 이상이라고 답한 선민이 75.4%에 달했고, 20년 이상 배를 탄 선민은 절반이었다. 이러한 조사 결과는 선민이 지속성 있고 안정적인 '직업'임을 보여준다. 특히 40 대 이상 선민의 대다수는 20년 이상의 경험을 갖고 있어서, 어느 중년 선민은 "우린 다들 65세까지 배를 타고, 더 이상 못 움직이게 되면 그때 그만둔다"고 이야기해 주었다.

7) 배의 소유권

응답자 중 선주의 경우 다들 배에 대한 개인 소유권을 갖고 있었고, 소수의 선주(6.3%)는 소유권이 아니라 임대 혹은 도급 방식으로 배의 사용권을 갖고 있었는데 이들은 매년 임대료 혹은 도급 비용을 소유자에게 지불했다. 소수(3.1%)의 경우 경제적 능력의 부족으로 한 척에 100만 여 위안의 선박 구매비용을 지불할 수 없어서 친척이나 친구와 함께 출자하여 배를 공동구매하고서 배의 운항에서 나오는 이익과 위험요소도 모두 분담하는 것을 볼 수 있었다.

8) 가정 재산

선민의 가산 중 가장 중요한 재산은 주택과 토지로서, 응답자 중 선주의 64.4%는 고향 농촌에 주택을 갖고 있었고 51.4%는 고향 농촌에 토지를 갖고 있었다. 다만 인터뷰를 해 보면 선민들은 비록 고향에 집이 있긴 해도 거주할 수 없을 정도로 너무 낡아서 살지는 않고,

만일 집 상황이 괜찮은 경우 노부모가 자녀를 데리고 살고 있었으며, 선민 자신은 명절 기간을 제외해서는 고향 집에 머무는 시간이 길지 않았다. 가정 재산에 대해 물어보면서 우리가 그들에게 자동차가 있냐고 묻자 선민들은 웃으면서 "우리가 다들 배 위에 있는데 뭐하러 자동차를 사요? 아무도 차를 안 몰아요"라고 답했다. 자가용을 가진 선주 가정은 18.1%에 불과했다.

자산 보유 상황을 보면 대부분의 선주는 여전히 농촌의 생활세계를 벗어나지 못했고 배를 제외하면 그들의 가장 중요한 자산은 농촌의 주택과 농지였으며, 도시에 집을 가진 선주는 아주 적었고 도시생활에 대한 추구 의사나 동경도 별로 크지 않았다. 평소 배 위에 사는 삶에 익숙해져서 육지에서의 생활에 대해 기대감이 별로 없었다. 배를 떠나게 되면 이들 선민은 생계를 유지할 수 있는 다른 수단을 쉽게 찾을 수 없기 때문이다. 또한 이들은 다양한 자산관리 지식과 정보가 없어서 뱃일로 번 돈을 그냥 방치하기도 하고, 단순하게 저축하거나 수익성이 없는 농촌토지나 주택을 살 뿐, 주식이나 도시의 부동산 신탁 등의 현대 금융상품에 대한 투자는 하지 않았다. 이런 행동방식은 그들의 교육수준 그리고 육지 생활에 조화되기 어렵다는 점 등과 관련된다고 할 수 있다.

9) 화물 정보의 획득

선주 중 62.5%가 화물 발주 관련 정보를 '친척과 친구로부터 얻는다'고 답했고, 54.4%는 '배를 타는 주변 동료에게서' 얻으며 46.3%는 '오랫동안 같이 일하는 고객'에게서 얻는다고 했다(복수응답). '회사에서 공식적으로 발표하는 화물 운송 관련 정보'를 이용하는 선주는 21.3%에 불과했으니, 선주들은 현대적인 공식 통로가 아니라 전통적 인맥과 유대관계에 더 의존하여 중요한 정보를 획득하고 있다는 점에 주목해야 한다.

10) 직업에 대한 만족도

응답자 가운데 선민이라는 직업에 '매우 만족'한다고 답한 이는 4.4%에 불과했고 대다수는 '약간 만족'이나 '약간 불만족'이라고 답했다. 한 선민이 말하듯 "뭐랄까, 배를 타는 게 힘들긴 한데 돈은 잘 벌지"와 같은 상황이었다. 13.6%의 응답자는 직업에 대한 불만이 컸는데 "힘든 건 말할 것도 없고 운임도 낮아서 운반을 해도 비용만 들고 손해고, 운반을 안 해도 손해고. 내가 이 화물 안 실어도 다른 배가 얼마든지 있으니까. 그리고 낡은 배는 사는 사람도 없어요"라는 한 선민의 말이 이를 잘 보여주었다. 선민의 사회적 지위에 대해 한 선민은 "선민의 지위가 세상에서 제일 낮아요. 누구든지 선민을 괴롭힐 수 있고, 선민은 다른 사람들 말을 맨날 들어줘야 돼요"라고 했다. 때로는 화물주가 운임을 안 주고 질질 끌 때도 있는데 이에 대해 한 선민은 이렇게 말했다. "운임이 낮은 건 말할 것도 없고, 운임을 계속 미루고 억지를 부리는 사람도 있어요. 계속 질질 끌면서 운임을 안 주거나 멋대로 값을 깎아요. 빚을 진 사람이 나쁜 사람이니 괴롭힘을 당해야 하는데, 오히려 다른 사람이 우리에게 빚을 져도 괴롭힘을 당하는 건 우리예요. 정직한 사람들만 당하는 거예요."

직업에 대한 만족도와 연령 간에는 연관성이 있었는데, '매우 만족'이라고 응답한 이들은 대부분 51~59세 구간, 즉 50대 선민에 집중되어 있었다. 50대 선민은 뱃일을 오래 해왔고 일정한 자산도 축적하여, 운송업에 대해 상대적으로 노련하고 성숙한 이해를 가지고 있었다. 이들은 특히 개혁개방 직후 시장화가 급격히 이뤄지던 시기에 살아서 직업적으로도 황금기를 누렸다고 할 수 있다. 반면 '매우 불만'이라고 답한 이들은 50대 이하에 집중되어 있었는데, 고속성장하는 사회 속에서 점점 커지는 빈부격차를 몸으로 느꼈고 각 방면에서의 압력도 큰 편이었다. 운송업의 수입이 지출을 따라가지 못하는 점 또한 직업에 대한 이들의 낮은 만족도에 영향을 미쳤다.

11) 직업을 바꿀 의향

조사에서 발견한 것은, 응답자 선민 중 절반이 직업을 바꾸고 싶은 마음이 있다는 점이었다. 어떤 선민은 "꿈에서도 계속 직업을 바꾸는 꿈을 꾼다"고 할 정도로 직업을 바꾸고 싶은 마음이 컸다. 그러나 이렇게 말하는 이들은 동시에 "생각은 생각이고 실제로는 방법이 없으니 못 바꿔요"라고 하거나 "뱃일만 몇 십 년 동안 해왔는데 다른 일은 전혀 할 줄을 몰라요"라고 하면서 직업 변경의 객관적 한계를 지적하기도 했다. 이들이 직업을 바꾸고 싶어 하는 이유는 첫째로 뱃일이 정말 힘들기 때문이고, 둘째로 현재의 경제적 수입에 만족하지 못하기 때문이었다. 그러나 대부분은 직업을 바꾸고 싶은 마음만 있을 뿐 개인 능력의 제한 등 여러 가지 이유로 실제 직업을 바꾸지는 못한다.

나머지 절반이 직업을 바꾸고 싶지 않다고 답한 이유는, 첫째는 뱃일로 얻을 수 있는 경제적 수입이 육지로 가서 자신이 얻을 수 있는 수입보다 높다는 판단에서인데 한 선민은 "뭍으로 가서 내가 경비 일을 맡으면 한 달에 2천 위안 받는데 당신이라면 하겠어요? 절대 안 하죠"라고 설명했다. 두 번째 이유는 나이와 관련되는데, 나이가 많은 선민들은 대부분 몇 년 후에는 은퇴해서 집으로 돌아가 노후를 보낼 생각이므로 일을 바꿀 생각이 없었다. 직업에 대한 만족도와 직업을 바꿀 의향 사이의 연관성을 분석해 보니 '매우 불만'과 '약간 불만'이라고 응답한 이들 대부분은 직업을 바꾸고 싶다고 답하여 연관성이 드러났지만, 앞서 언급한 제한적 조건의 제약 등으로 인해 대부분은 지금도 직업을 바꾸지 못하고 선민을 계속

하고 있었다.

12) 선민의 세대교체와 연령

응답자 중 3분의 2가 1세대 선민으로서, 이런 1세대 선민 중 절대 다수가 30대~50대였다. 나이로 추정해 보면 이들이 일자리를 얻었던 약 10~20년 전은 바로 중국이 개혁개방 되면서 일자리가 많이 증가할 때로서, 이들이 토지의 속박에서 벗어나 시장으로 가 취업할 기회가 많이 생겨나던 시기였다. 각 지역의 도시화와 산업화에 필요한 원자재 운반 수요가 급증하여 운송업에도 호재가 되었으니, 이들은 바로 이런 기회 속에서 선민이 된 것이다. 2세대 선민은 총 응답자의 13.2%로서 다수가 30대 이하였고, 이들의 아버지 세대는 위에서 언급했듯 개혁개방의 파도에 올라탄 선민들이었다. 세습 선민은 총 응답자의 20.2%로서 연령은 주로 40~50세가 세습 선민의 41.8%를 차지했다. 이런 세습 선민의 선조가 최초로 배를 탄 시기로 거슬러 올

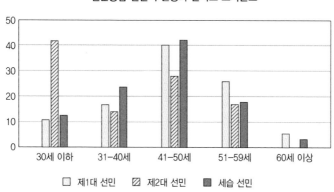

설문응답 선민의 연령과 만족도 교차분포

라가 보면 가장 이르게는 청말까지 거슬러 올라갈 수 있고 가장 늦게는 신중국 성립 이후가 된다. 이를 통해 선민의 세대 이동 상황을 알 수 있으니, 세습 선민 현상이 보편적이지는 않았고 새로 유입된 선민의 인원이 많은 편이었으니, 선민 직업의 상대적으로 높은 수익성이 사람들을 끌어들인 측면이 있었다.

13) 사교 범위

응답자 중 절대 다수인 79.4%는 자신의 사교 범위가 선민 집단 내부에만 한정된다고 답했고 20.6%는 사교 범위가 고향 사람들이라고 답했으니, "좋은 친구는 고향 사람이죠. 오래전부터 같이 자란 거잖아요"라고 했다. 이번 조사에서 사교 범위가 고향 사람도 선민도 아닌 사례는 없었으니, 모든 응답자의 사교 범위가 같은 지역이나 같은 직업에 기반하고 있었다. 선민의 사교 범위는 이처럼 협소하고, 작업환경의 제약으로 인해 선민들은 대부분 시간을 배 안에서 보내기 때문에 접하게 되는 문화와 이념도 대부분 제한되어 있었다. 다만 선민들도 일상적으로 위챗이나 QQ 같은 SNS 앱을 능숙하게 사용하고 온라인 쇼핑도 많이 하여 인터넷을 통해 새로운 사물과 사고방식을 접하고 있었지만, 그것을 통해 선민의 일상적 생활이 크게 바뀐다고 보기는 어려웠다. 이들이 이용할 수 있는 사회적 자본도 제한되어 있고 교육수준의 저하로 인해 문화적 자본도 많지 않아서, 개인의 노력으로 상당한 성취를 이룬 소수를 제외하면 교육 등의 통로로 자기 운명을 바꿀 수 있는 선민은 많지 않았다.

14) 선민이 된 경로와 원인

응답자 선민들은 대부분 고향 사람의 소개, 집안 전통, 혼인, 스스로 지원 등의 경로로 선민이 되었다고 답했다. 2세대 선민과 세습 선민은 아버지 세대에게서 물려받아 선민이 되었지만, 1세대의 경우엔 선민이 되기 전에 세 가지 경로를 거쳤으니 고향 사람의 소개가 가장 많았고 스스로 지원한 경우와 혼인이 뒤이어 2위와 3위를 차지했다. 선민이 된 이유에 대해 가장 많은 응답은 역시 '소득이 괜찮아서'였고(34.2%), '아버지에게서 물려받아서'라는 2대 선민과 세습 선민이 25%를 차지했다. '다른 기술이 없어서'라는 응답과 '혼인 때문에'라는 응답이 모두 15.8%로 공동 3위였다.

15) 육지 생활에 대한 적응력

응답자 중 45.6%는 육지 생활환경에 적응하지 못할 거라고 답했는데 그 원인으로는, 이미 자유롭고 구속이 없는 수상 생활에 익숙해졌기 때문이라고 했다. 이들은 "공장에서 일하면 정해진 시간에 기상해야 하는데, 우리 선민들은요, 자기 하고 싶은 대로 해요", "육지 사람들은 이기적이고 심술이 많은데 우리는 사실만 이야기하는 진솔한 사람들이예요. 하나는 하나고 둘은 둘이죠. 그래서 뭍으로 가면 적응 못해요", "뱃일 안 하면 다른 일 적응 못할 거예요. 손재주나 가진 기술도 별로 없으니까요"라고 했다.

다만 49.7%의 응답자는 육지 생활에 적응할 수 있다고 답했는데, 이들은 물위의 생활과 육지 생활 간의 격차가 그리 크지 않다고 여겼고, 뱃일을 한 지 얼마 안 되는 몇몇 선민은 오히려 배위 생활이 적응하기 어렵다고 했다. 그리고 4.8%는 육지 생활에 적응할 수 있을지 모르겠다고 했는데 이들은 직업을 바꿀 생각도 해보지 않았다고 했으며, 따라서 육지 생활과 일에 적응할 수 있을지에 대해서도 생각해 본 적이 없었다.

16) 자녀가 선민이 되기를 원하는가

응답자 중 88.6%는 자녀가 선민이 되기를 원하지 않아서 "차라리 거지가 될지언정 배를 타게 하지는 않을 것"이라고 했다. 자녀가 선민이 되길 바란다고 답한 이는 5.5%였고, 나머지 5.9%는 "알 수 없고 본인의 의사를 봐야 한다"고 했다. 조사과정에서 우리는, 자녀가 선민이 되는 것을 반대한다고 답한 선민 대부분은 자녀를 육지 학교에 보내 정규 교육을 받게 하고 있음을 발견했다. 이런 선민의 자녀들은 더 이상 배를 집으로 삼지 않을 것이며, 그들의 사교범위 또한 선민 집단을 넘어설 것이다. 그렇다면 선민 집단은 소멸을 향해 가고 있는 가? 우리는 그렇지 않다고 본다. 그 이유는 운하 항운업의 경제적 수익성이 계속 유지된다면 언제든지 새로운 인력이 선민 집단으로 들어오려 하기 때문이다. 100년 전에는 파산한 농민이나 어민이 선민이 되었다면, 이제는 괜찮은 소득을 추구하는 이들 또는 '다른 기술이 없는' 외지 농촌 출신이나 노동자들 중 선민이 되려는 이들이 있으며, 이들은 처음엔 선원으로서 배 주인과 함께 뱃일을 하다가 돈을 좀 모으고 나면 배를 구입하여 선주가 될 것이다. 이는 소로킨P. Sorokin이 말한 현대 공업사회의 사회이동 특징의 하나인 '계층 체계에서 유사하거나 가까운 계층 구성원들은 쉽게 서로 침투하며 사회

이동을 실현한다'는 것에 부합한다고 볼 수 있다.

② 운하 선민의 생산·생활 공간

배는 선민의 생산 도구이자 생존 공간이다. 역사상 경항대운하 항주 구간의 화물선 종류는 매우 많았는데, 용도별로는 조선漕船과 염선鹽船이 있었고, 생산지별로는 무호선無湖船, 소호선巢湖船, 해녕선海寧船, 특징별로는 남경목범선南京木帆船, 효풍첨두선孝豊尖頭船 등 명명법이 다양했다. 근대 이후 예인선과 쾌속선, 그리고 항주 발전에 크게 기여한 철제 콘크리트 배(선민들은 콘크리트 배라 칭함)[1]이 출현했다. 현재 운하에서 운항하는 내하 화물선內河貨船은 대부분 '벌크선散裝貨船'이라 불리며 철제 기동화물선이라 불리기도 하고, 엔진이 뱃꼬리에 달려 있어 선민들이 흔히 후미기형선尾機型船이라고도 부른다. 후미기형선은 후미축 길이가 짧고 후미축이 화물창고를 통과하지 않아, 적재공간을 늘리고 선적 효율을 높이는 장점이 있으며 방화에 유리하고 유선油船과 벌크선도 모두 이 방식으로 만든다. 주로 모래, 석재, 석탄, 목재, 강재 등 포장할 필요 없는 대량의 재료를 운반하는 데 이용하며, 구체적으로 무엇을 실을지는 고용주의 요구에 따라 결정한다. 적재량은 400~1,200톤 사이이고 총 길이 50미터, 폭 9미터, 선박 흘수는 2미터 이상이다. 벌크선 중 소형에 속한다.

---

1 朱慧勇, 『杭州運河船』, 杭州出版社, 2015.

보통 새 배 한 척을 만드는 데 120~150만 위안, 중고 배는 70~80만 위안 정도가 든다. 최근 몇 년간 내수 항운의 부진으로 인하여 중고 선박 가격이 하락했고 매매도 쉽지 않다. 이러한 화물선의 사용 연한은 18년 정도이며, 사용한 지 33년 되면 강제 폐기된다. 경항 대운하 구간 관리법에 따르면 강제 폐기되기 10년 전에 폐기를 신청할 경우 보조금 신청 대상에 해당하고, 따라서 대부분의 선주는 화물선의 사용 기간을 18년 정도로 묵인하는 경우가 많다. 운하기동화물선運河機動貨船의 기본 구조는 갑판, 생활칸, 기관실, 화물창고 등으로 구성된다.

1) 갑판

갑판은 배의 중요한 구성 부분이자 선원들이 생활칸을 제외하면 가장 많이 활동하는 곳이다. 일반적으로 갑판은 붉은색이나 녹색 페인트로 녹을 방지하고, 작업공간(선체 전체를 순찰하며 오가는 보행 공간)이자 생활공간(각종 생활 물품이 쌓여 있는 곳)이다. 작업공간으로서의 갑판 위를 돌아다닐 땐 규정에 따라 구명조끼를 착용해야 하며, 배를 뭍에 댈 때에도 그래야 한다. 구명조끼를 입지 않은 채 갑판 위를 걷는 모습이 해안 CCTV에 찍히면 상당한 액수의 벌금을 물게 된다. 갑판 외곽, 즉 선체 가장자리에 차량 타이어를 매단 것은 마치 자동차 경주장에 설치한 타이어가 충격을 완화·흡수하고 충돌로 인한 파손과 인명 피해를 줄이는 것과 마찬가지로서, 배와 배 그리고 배와 부두 사이의 충돌로 인한 피해를 줄이기 위한 것이다. 경제적으로 크게 발전되지 않았던 20세기에는, 콘크리트 배의 충격 완화 역할은 대나무로 엮은 대광주리가 맡았다. 갑판 앞부분에 철제 닻이 있고, 닻 위에는 팔뚝 굵기의 삼노끈이 있어 부두의 나무 말뚝과 연결할 수 있다. 갑판 맨 앞부분에는 보통 사다리가 설치되어 있는데, 사다리는 높이 오르기 위한 것이 아니라 배와 선착장 사이에 가로놓여 있어 사람들이 사다리를 타고 부두에 올라갈 수 있고, 사다리도 제대로 안 걸치고 이리저리 밧줄을 타고 배와 연안을 오가는 선민도 있다.

조타실은 넓은 시야 확보를 위해 뱃머리에 위치해 있는데 면적은 넓지 않고 4m²의 공간에는 선장이 운항 중 휴식을 취할 수 있도록 조종대 외에 침대가 하나 더 있다. 조타대는 이제 기본적으로 디지털화되어 있고 CCTV와 무전기, 자동운항시스템도 갖춰져 있으며, 어떤 선민은 배를 몰면서 휴대전화로 '더우디주鬪地主'라는 모바일게임

을 하기도 한다. 조타실과 생활칸은 배를 가로질러 있어서, 조타실과 생활칸 사이의 연락은 휴대폰이 일반화되기 전엔 쉽지 않아서 화장실을 가야 하는 등의 비상 상황이 발생하면 생활칸에 사람이 올 때까지 기다릴 수밖에 없었다. 생활칸에 강도가 들었을 때도 조타실에 있는 선원들이 제때 구조하러 오지도 못했다.

갑판은 작업공간일 뿐 아니라 생활공간으로서 선주 가족의 정취를 살릴 수 있는 공간이다. 선미 끝에 화초를 심으면, 배에 올라 바라볼 때 끝없이 펼쳐진 수면 외에도 이 화초가 띤 녹색 빛이 함께 눈에 들어와 숨 가쁜 뱃생활 속에 잠시 흐뭇함을 주기도 한다. 어떤 선주는 파·마늘이나 쉽게 재배할 수 있는 채소를 재배하여, 녹색으로 눈을 즐겁게 하기도 하고 가족의 식탁을 신선하게 만들 수 있다. 어떤 배에선 식물 외에도 닭, 오리, 거위와 개를 기르기도 한다. 개를 기르는 것은 안전에 도움이 될 뿐 아니라 무미건조한 생활 속에 위로가 된다. 생활칸과 가까운 갑판에는 물탱크도 있는데, 어떤 것은 물탑 모양이고 어떤 것은 갑판 내부에 박히는 방식으로 설치된다. 물탱크 안에 있는 물은 선민들의 생활용수이자 식수로서, 일반적으로 물탱크의 물은 사나흘 정도의 생활용수를 공급할 수 있다. 하지만 고여있는 데다가 온도가 높으면 증발을 반복하기 때문에 물탱크의 물은 시간이 지나면 수질이 현저히 떨어진다.

2) 생활칸

선민들이 일상적으로 기거하는 공간인 생활칸은 보통 선미에 위치한다. 현재 운하에서 운항하는 배들의 생활칸은 두 종류가 있는데

하나는 하침식으로 갑판 아래에 있고 다른 하나는 갑판 위에 있다. 먼저 갑판 아래에 위치한 생활칸은 보통 400톤 이하의 작은 톤수 선박에서 많이 보인다. 갑판 아래에 있는 생활칸에서는 햇빛이 전혀 보이지 않으며 엔진 위치와 겹쳐져 있고 불을 켜지 않으면 가시거리가 짧다. 이러한 배는 이미 도태되고 있어서 많이 남아있지 않다. 두 번째로 갑판 위에 생활칸이 있는 경우인데, 보통 면적은 30m² 내외이며 지내기에 여건이 좋은 편이다. 기능에 따라 생활칸을 구간으로 구분하기도 하는데, 일반 생활칸에는 침실, 주방, 화장실, 거실이 있고 침실은 보통 두 개가 있으며, 부부선夫妻船 같은 경우 침실 중 하나를 창고로 사용할 수도 있다.

응답자 선민들의 선상 시설

종류	빈도수	백분율
가정생활 전기류	267	98,2
실내장식	255	93,8
오락 시설	224	82,4
실내장식 장식품	185	68,0
화덕 및 연탄로	45	16,5
개 등의 동물	76	27,9
쓰레기통	260	95,6
세탁기	172	63,2

　　육지 위의 집에 비하면 배 위의 생활칸은 아주 작은 공간이지만, 생활 필수 기능과 각종 가구는 모두 갖추어져 있다. 부엌에는 전열기, 환풍기, 설거지용 싱크대가 있고, 연료는 현대적 아파트에 보급된 천연가스가 아닌 액화천연가스를 사용한다. 평상시 액화가스는 지상에서 갖고 오는데, 물가로 나가서 전봇대나 벽을 보면 액화가스를 판다는 광고가 곳곳에 보이고 연락처도 적혀 있어서, 전화 한 통만 하면 부두로 배송하러 온다. 액화가스 한 캔은 50위안이고 보통 일주일 분량으로서, 선민들은 긴 항로가 예정되어 있는 경우엔 출발 전에 미리 준비해 둔다. 흥미로운 점은, 배가 선착장과 거리가 멀어서 액화가스 배송자가 승선하기 어려우면 액화가스를 통째로 물에 던져 선민이 알아서 건져 올리기도 하였다. 비용을 아끼겠다며 불법으로 무허가 구식 난방시설을 사용하는 선민도 있다. 이런 구식 난방시설은 사용하지 않을 때는 천으로 덮어서, 순찰하는 해사 부서 직원들의 눈에 띄지 않도록 한다. 화장실은 일반적으로 면적이 아주 작아서 $2m^2$가 안 되는데, 목욕과 빨래 기능이 추가되면 면적이 넓어지는 경우도 있다. 개인 취향에 따라서 구식 변기를 설치하기도 하고 수세식

변기를 설치하기도 한다. 어떤 형태의 변기든 공통점은, 변기와 연결되는 것은 바로 출렁이는 운하라는 점이다.

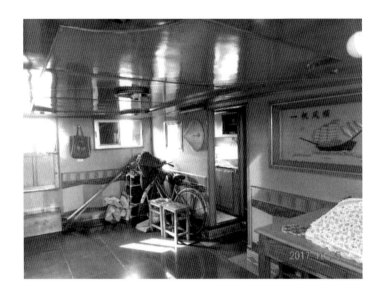

침실과 거실의 차이는 크다. 선민의 침실과 거실은 세 가지 유형으로 나눠 볼 수 있다. 첫째, '잠자는 곳'이라 할 수 있는데 이는 아래쪽으로 가라앉아 있는 생활간을 가리킨다. 사실 그토록 어둡고 습한 환경을 '생활'과 연결지어 생각하긴 어렵다. 어쩌면 이것이 밑바닥 선민이 생존하는 장소인지도 모르겠다. 두 번째 유형은 절강성 선민의 생활간으로 대표되는 '숙소'라는 곳이다. 이런 배들은 대부분 선박 소유자가 선공을 고용해 운항하고 소유자 본인은 배에 있지 않으며, 생활간은 숙소와 비슷하고 거실은 깨끗하게 정리되어 잡동사니가 별로 없고 가구도 그리 많지 않다. 부엌과 화장실을 제외한 나머지 방은 침실로 사용된다. 침실이야말로 선공의 개인 공간이다. 생활간 내

바닥 청소가 깨끗이 되어있는 상황은, 배에서 교대로 당직 제도가 있거나 전문적으로 청소하는 사람이 있다는 걸 보여준다. 세 번째 유형의 생활칸은 부부선이나 가족선에 있는 것인데 육지의 집과 비슷하여 '집'이라 불린다. 여기는 가구도 다 갖춰져 있고 그야말로 집 같은 느낌을 준다. 세부적인 디테일에서도 그러한데, 예를 들어 여주인이 자기가 수놓은 십자수를 TV 벽에 걸어놓기도 하고, 또 어떤 가정은 벽에 결혼사진을 걸어놓는데 바로 배를 집으로 삼는다는 걸 가장 잘 보여준다. 현지조사 과정에서 어떤 가정의 배(한 가정의 가족들이 여러 척의 배를 가지고 있으면서 밥 먹을 때는 함께 모여 먹는다)에서는 노래방 장비도 볼 수 있었는데 그만큼 가정의 오락 기능이 배 위에도 출현했음을 보여준다.

가구와 전기제품의 경우, 기본적으로 육지 가정에 있는 것들은 모두 배에 구비되어 있는데 에어컨, 세탁기, TV, 냉장고 등이 포함된다. 추가로 상자식 냉장고를 사서 음식을 더 많이 보관하는 경우도 있다. 그러나 육지 생활과 다른 점은 배에 있는 TV가 대부분 장식물로 여겨진다는 것인데 그 이유는, 배에 있는 발전기는 배의 엔진이 가동되어야 작동하는데 배의 전기 공급은 모두 배 위의 발전기에서 나오는 것이기 때문이다. 일반적으로 선민들은 비용을 아끼기 위해 부두에 정박한 뒤엔 배의 엔진을 끄기 때문에 배 전체가 사실상 단전 상태에 놓인다. 또 요즘 가정집에는 컴퓨터가 적어도 한 대씩 있지만 배에는 컴퓨터가 없다. 전기 문제 뿐 아니라 광대역 인터넷 문제도 있어서 배에는 컴퓨터를 설치해서 상시적으로 사용하기가 어렵다. 이제는 휴대전화의 기능이 많아지면서 선민들은 휴대폰을 통해 생활 근무 속에서 인터넷이 필요한 일들을 처리할 수 있게 되었다. 생활칸 바깥에는 국기國旗와 네온 간판이 달려 있고, 이 조명상자 위에는 배의 번호와 소속지(예: '利辛 ○○○○')가 인쇄되어 있다. 마치 사람의 신분증처럼 이 배 번호는 배를 식별하여 찾을 수 있게 해준다. 어떤 배는 여기에 연락처와 운반할 수 있는 화물 종류도 함께 인쇄하여 장사 확장에 사용하기도 한다.

3) 기관실

기관실은 갑판 위에 생활칸이 있는 배에만 있는 공간으로서 사실상 엔진이 있는 곳이고, 생활칸이 밑으로 가라앉아 있는 경우엔 엔진과 분리되지 않아서 생활칸과 기관실이 하나로 되어 있다. 배에서 엔진 관리를 맡은 사람은 선박 조종사와 마찬가지로 자격증을 가지고 일하는 자로서, 배가 운항하는 동안 엔진의 정상 작동을 책임진다. 기관실 환경은 상당히 열악하여, 어둑한 불빛과 코를 찌르는 경유 냄새, 엔진에서 나는 굉음은 이 엔진 관리 일이 그만큼 힘들다는 것을 보여준다. 기관실에는 쌀독 크기의 플라스틱 통도 많이 놓여 있고, 안에는 엔진을 가동할 때 갈아 끼우는 엔진오일이 들어 있다. 기름통은 제멋대로 놓여있고 덩치도 커서 좁은 기관실이 더 붐빈다. 엔진에서 나오는 폐유는 함부로 배출할 수 없고, 폐유를 물에 방류하다가 관리부서에 적발되면 엄청난 과태료를 물게 된다.

4) 화물 창고

화물 창고의 가장자리에는 높이 20cm 정도의 울타리가 설치되어 있다. 어떤 배에는 화물 창고 위쪽에 덮개를 달아 화물을 덮는 데 쓰는데, 이런 신축성 있는 덮개를 설치하려면 배는 선착장까지 가서 육지에 있는 크레인을 이용해 설치해야 한다. 어떤 배는 이런 덮개를 달지 않지만, 석회나 모래 시멘트처럼 연기가 잘 나는 화물을 운송할 때는 덮개 천 설치를 관리 부서로부터 요구받는다. 어떤 선민들은 덮개가 없는 것보다 이렇게 강제로라도 천을 덮는 게 더 좋아 보인다고 하였다. 화물 하역 과정에서 크레인의 갈고리가 화물 창고의 바닥에 부딪히곤 하며 때로는 바닥을 깨뜨려서 구덩이가 생겨나기도 해서, 전기 용접으로 구멍을 메워야 한다. 비용을 아끼고 운송에 영향을 안 주기 위해 선민들은 본인이 직접 용접 작업을 하곤 한다. 선적 방식도 특이한데, 전체적인 원칙은 '중간은 먼저이며 양쪽은 나중'으로서, 즉 배가 부두에 도착하면 화물을 창고의 중간 부분부터 채운 뒤 점차 양쪽으로 선적한다. 만약 배의 한쪽부터 화물을 채우면 무게 중심이 흔들려 배가 뒤집힐 수 있기 때문이다.

이야기하다가 선박 전복에 대한 이야기가 나오면 선민들은, 배의 무게와 과학기술 발전 그리고 날씨 예보 정확도의 제고로 인해 정상적인 상황에서는 배가 뒤집히기 힘들고, 선박이 뒤집히는 원인은 주로 과적 때문이라고 이야기한다. 선박의 과적 여부를 판단하는 주요 근거는 '흘수선吃水線'이다. 연구진이 취재했던 한 항행港行 관원의 말에 따르면 보통 과적 여부를 판단하는 기준은 흘수선이 2m를 넘는지를 보는 것이다. "그런데 사실 적당히 봐주는 경우가 많다. 보통 2m 정도면 그냥 가게 한다. 그러나 매번 과적하면 안 된다. 한두 번이면 구두口頭 교육으로 넘어갈 수 있는데 매번 그러면 미안하지만 처벌할 수밖에 없다". 과적 여부의 판단에는 어느 정도 인간적인 고려가 있음을 알 수 있다. 선민들이 먹고살기 위해 가능한 한 많이 싣고 싶어한다는 점이 감안되는 것이다. 사실 과적을 하는 경우 장강長江에서 악천후로 상황이 악화되기 쉽다. 선민들은 이런 상황을 잘 알고 있고 위챗 블로그나 단체 SNS방에서도 배가 가라앉은 영상을 공유하곤 하지만, 아직도 상당수의 선민은 설마 하는 마음으로 운하에서 운항할 때 과적 수송을 하곤 한다.

❸ 운하 선민의 일상생활

1) 먹고 마시다吃吃喝喝

현대 선민의 음식은 이제 육지의 가정 음식과 큰 차이가 없다. 명절에 선민들이 배 위에서 먹는 음식도 다양해졌는데, 각종 채소, 육류, 달걀뿐 아니라 육지에서 사온 신선한 과일도 있다. 부두에 정박한 후 활용할 수 있는 교통수단이 크게 발달하여 이제 각종 과일과 채소,

육류 구매가 예전보다 훨씬 편리해졌다. 뱃일하는 선공船工의 하루 세 끼 식비는 고용주가 부담하는데, 인당 식비는 한 달에 대략 1,500 위안 정도이고, 가족선이나 부부선의 경우엔 인당 식비가 약간 줄어 들 수는 있지만 경제소득이 중간층에 속하기에 식사의 질은 어느 정 도 보장된다. 배에서 먹을 음식은 출항하기 전에 육지에서 구매할 수밖에 없고, 배에서 밥하는 주부들은 힘든 뱃생활을 원망하는데 왜 냐면 오래 운항할수록 비축해둔 음식이 부족해지기 때문이다. 게다 가 운항 시간이 오래 되면 신선한 채소와 과일을 제대로 보관할 방법 도 없고, 나중에는 식탁에 오를 채소는 고향에서 가져온 짠지와 양념 뿐이 된다. 그러니 배를 타는 동안 선민들의 식사 질은 별로 좋지는 못하다.

2) 배가 부두에 도착하여 접안하다

선착장마다 커다란 보따리를 짊어진 선민들이 의기양양하게 돌아오는 모습을 볼 수 있는데 그들은 감자, 유자, 귤 등 장기간 보관할 수 있는 야채와 과일들을 잔뜩 사서 다음 출항을 준비하는 것이다. 물론 접안 후에 신선한 제철 채소를 사서 푸짐하게 먹기도 한다. 사실 선민들이 장보는 건 어렵지 않은데, 선착장에서 전문적으로 채소를 파는 노점상들이 있기 때문이다. 우리 연구진의 현지조사 장소인 의교義橋에서 가장 가까운 장터도 2킬로미터도 채 안 되었다. 사실 선민들이 채소를 사기 힘들진 않고, 다만 여러 제약조건 때문에 구매 가격이 시세보다 훨씬 비쌀 뿐이다.

선민들이 채소를 사기가 얼마나 어려운지를 보여주는 작은 사례를 보자. 연안에서 채소를 파는 채소 상인들은 채소를 구매할 선민의 인원수에 따라 가격을 정한다. 구매자가 적으면 조금 싸게 팔고(그래도 시세보다 비싸다), 구매자가 많으면 판매가를 대폭 인상하여 판매하거나 심지어 몇 배로 비싸게 올려 판다. 상인들이 부두에서 가까운 곳에서 팔아서 편리하고 선민들에겐 채소가 꼭 필요하기 때문에, 값이 비싼 줄 알면서도 선민들은 대부분 구매한다. 또 다른 구매 통로는 수상가게水上超市로서, 마치 슈퍼마켓을 배위로 옮겨놓은 것 같다. 배를 몰고 다니다가 이런 수상가게를 만나게 되면 올라가서 필요한 물건을 구매하는데, 일반적인 소형 마트처럼 채소 육류 생수 생활용품도 판매한다. 다만 이런 수상가게는 선착장 인근 노점의 가격보다 많이 비싸기 때문에 선민들은 수상가게에서 자주 사지는 않는다.

가끔 인근 농민들이 부둣가에 나와 포대기 위에 자기 밭에서 재배한 채소를 늘어놓고 팔기도 하는데 주로 무와 냉이 등을 판다. 이런 방식으로 판매하는 채소는 가격이 비교적 저렴하고 신선도도 더 높아서 선민들에게 인기가 많다. 장사 수완이 좋은 노점상들은 삼륜차를 부둣가까지 몰고 와서 물건을 판매하기도 하는데, 장조림을 파는 전기 삼륜차도 자주 볼 수 있었고, 닭구이, 돼지머리 부위 고기, 오리구이 등도 볼 수 있었다. 현금결제도 되고 바코드 결제도 되며, 사람들은 왔다갔다하다가 이런 노점상에게서 몇십 위안에 장조림을 사가서 푸짐하게 먹곤 하지만, 솔직히 노점 위생상태는 알 방법이 없다.

3) 손님 대접용으로 쓸 수 없는 물

육지에서는 집에 손님이 오면 친소 여부와 상관없이 따뜻한 차 한 잔을 대접하며 갈증을 해소하게 해주는 것이 일반적이다. 하지만 배에서는 다르다. 연구진이 배에서 현지조사를 하는 동안, 연구자들이 배에 올랐을 때 물을 한 잔 따라주는 선민은 한 명도 찾아볼 수 없었다. 이는 외래자인 연구자를 경계해서가 아니라, 육지에서 온 사람들이 배 위의 물을 마실 수 없기 때문이었다. 사실 배에서 마시는 물과 육지의 가정에서 마시는 물의 공급원은 별 차이가 없다. 선박이 육지에 닿은 뒤 주유소에서 평범한 수돗물을 무료로 제공하여 선민들이 배의 물탱크에 물을 보충한다. 일부 선민은 '하河'에서 물을 길어 마신다고 이야기하는데 이 때 그들이 말하는 '하'는 운하를 가리키는 것이 아니고, 배를 타고 다니다가 수질이 좋은 구간을 지날 때 길어 올리는 물을 가리킨다. 물론 이런 '하'에서 길어올린 물을 직접 마시지는 않고, 맥반석으로 이물질을 가라앉힌 후 식수로 쓸 수 있다.

배 선체는 강판으로 만들어져서 열 전도율이 높으므로 겨울엔 차갑고 여름엔 뜨겁다. 애초부터 물탱크에 넣어두는 물은 여름이 되면 증발과 응결을 반복하며 수질이 더 안 좋아지고, 배에 있는 물이 마시기 안 좋다는 것은 선민들의 공통 인식이었다. "근데 뭐 어쩔 수 없다. 자주 마시니까 그냥 익숙해졌다." 선민의 가정용수는 운하에서 많이 길어다 쓰는데 보통 화장실, 바닥, 선체 청소에 사용된다. 세탁에 신경을 많이 쓰는 선민들은 물탱크에 있는 수돗물을 이용하고, 별로 신경쓰지 않는 선민은 그냥 운하 물로 빨래를 한다. 선민들 사이에도 생활관념이 다양하다.

4) 여가생활

뱃생활이 무미건조하다는 것은 선민들의 공통적인 인식이었고, 특히 새로 뱃생활을 시작하는 여성들은 거의 감옥살이나 마찬가지라고 느끼고 있었다.

응답자 선민의 여가생활

종류	빈도수	백분율
바둑/카드놀이	123	45.2
쇼핑 (상륙 후)	100	36.8
스마트폰	164	60.3
DVD	27	9.9
TV	130	47.8
수다 떨기	137	50.4
책/신문	26	9.6
기타	18	66.2

"배는 사람을 떠날 수 없다船不離人." 선민들이 흔히 하는 말이다. "배에는 반드시 남아서 지키는 사람이 있어야 한다. 어디에서건 정박하다가 접촉사고가 날 수도 있고 물건을 도둑맞을 수도 있고, 해사海事 부서에도 당직을 요구하는 규정이 있다. 이런 관습은 오래되었고 내가 어렸을 때부터 쭉 그렇게 했다. 만약 강풍이라도 불면 어떡하나?"

선민은 접안 후에 해사 규정 때문에 어쩔 수 없이 배 안에 머물러야 한다. 긴 시간을 이렇게 머물러야 하기에 무언가 소일거리가 필요하다. 선민들의 여가생활에 대한 위의 표에 나온 목록 외에 한가한 시간에 가장 많이 하는 일은 자는 것이다. 배가 멈추기 전까지 장거리 운항을 한 상태이기 때문이다. 배는 엔진이 작동을 시작한 후부터 목적지에 도착하기 전까지 멈추지 않는다. 배가 움직이기 시작하면 선민의 휴식시간이 짧아진다. 그래서 배가 육지에 도착하면 다들 수면부터 취한다. 우리가 현지 조사 할 때 일부 선주는 조타실에 누워서 연구진과 인터뷰를 하기도 했다.

수면으로 시간을 보내는 것 외에도, 선민들은 깨어 있을 때 소일거리를 찾아야 한다. 위 표의 통계에 따르면 선민들은 여가생활로 스마트폰(60.3%), 수다(50.4%), TV(47.8%), 바둑/카드놀이(45.2%)로 시간을 보내고 있고, 책이나 신문을 읽는 선민은 드물다.

봐봐, 내 마누라가 핸드폰 보고 있잖아. 아니면 TV 보거나, 배가 많이 모일 때는 카드놀이 하고 말야.

뱃생활은 무료해. TV 보고 수다 떨고, 지인 만나 같이 밥 먹고 술 먹고 그러는 거지, 뭐.

그냥 수다 떨거나 핸드폰 보거나 TV 보고 그런 거지. 어떨 때는 육지에 나가서 물건도 사고.

수다 떨어. 할 게 없어. 배 몇 척이 붙어 있으면 수다를 좀 떨거나 물건 고치거나 그래. 책이나 신문은 예전에는 좀 많이 읽었지만 이젠 안 봐. 뉴스는 다 스마트폰으로 봐.

나이가 좀 많은 선민은 스마트폰 이용이 젊은이들만큼 익숙하지 않기 때문에 한가해지면 주로 DVD를 본다. DVD는 구하기도 아주 편해서, 부두에서 멀지 않은 장마당에 전기 삼륜차로 DVD를 잔뜩 가져와서 파는 행상들이 있다. DVD는 압축률이 높아서 한 장에 몇

십 편의 영화나 드라마들이 들어 있다. 젊은 선민들의 주된 오락은 핸드폰으로 노는 것이다. 위챗으로 지인과 잡담하고 친구들의 위챗 블로그를 보고, '콰이서우快手' 등 플랫폼의 생방송을 보는 경우도 많다. 그러나 이들의 유동성으로 인해 선택할 데이터 패키지가 마땅치 않기 때문에 걸핏하면 한 달에 몇 백 위안이 청구되기도 한다. 일부 선민은 한 달에 쓸 수 있는 데이터 사용량을 최대한 늘릴 수 있는 통신 사업자의 특수 전화카드를 선택하기도 한다.

또 한 가지 주목할 만한 상황은 일부 선민이 배를 정박해 놓고 기다리면서 마작을 하는 것인데, 액수가 종종 적지 않았다. 심지어 안휘 출신의 어느 선민은 마작하다가 배 한 척을 걸어서 잃고는 어쩔 수 없이 다른 선주 밑에 가서 일하기도 했다. 인터뷰하면서 그들에게 도박하는 이유를 묻자 멋쩍은 듯 웃으며 "뱃생활이 무료한데 도박은 자극적이고 재미있다"는 등의 이유를 대곤 했다. 우리는 일부 선민의 거실에서 마작 테이블을 발견하였다.

5) 관혼상제

"세상에서 가장 힘든 세 가지 일이 철 제련 일, 뱃일, 그리고 두부 만드는 일이다." 이 속담은 선민들이 자신의 사회적 지위가 낮다는 것을 설명하는 말이다. 해방 전 선민은 하층의 말단으로 간주되어 육지 사람들에게 무시당했고, 혼인은 선민 집단 내에서만 할 수 있었다. 신중국 성립 후 선민의 신분은 급변하여 일약 노동자 계급이 되었다. 선대船隊는 국유가 되어 매달 임금을 받고 각종 식량 배급표도 제공받았다. 운수업은 임금이 육지의 일반 직종보다 높아서 선민들의 생활 수준이 상승하면서 예전과 같은 차별적 시선은 약해졌고, 육지에서 자란 여성이 선민 집안으로 시집오는 일도 일상화되었다. 최근 몇 년간 시장경제의 발전에 따라 노동자 계급의 '숭고한 지위'는 점차 소용없게 되었다. 다행히 선민들의 소득은 여전히 사회 중산층에 속하여, 적지 않은 육지 사람들이 오히려 뱃생활을 원한다. 최근 몇 년간 선민 사업은 점차 개방되어 오래된 배와 새로 들어온 배가 모두 함께 운하에서 활동하고, 선민의 혼인도 육지와 별로 차이가 없게 되었다.

선민의 관혼상제에 대한 조사에 따르면 93.4%의 선민은 혼례와

응답자 선민의 관혼상제

종류	빈도수	백분율	누적 백분율
특정한 선상 결혼식/장례식이 있다	6	2.2	2.2
고향/현지와 똑같다	248	91.2	93.4
다소 다르지만 대부분은 똑같다	18	6.6	100.0
합계	272	100.0	

장례 풍습이 고향이나 현지와 비슷하며 특별한 점이 없다고 답했다. 문헌 자료에 따르면 선민에게는 특정한 혼인과 장례 관행이 있었다. 과거에 선민들은 점복을 믿고 길일을 택해 혼인을 했다. 배의 망루는 곧 신방新房이었고 겹경사와 대련을 써 붙였으며, 윗줄에는 "구곡삼만을 배를 따라 간다九曲三彎隨船轉"고 쓰고 아랫줄에는 "오호사해를 배를 타고 간다五湖四海任舟行"고 썼으며 가로로는 "백년호합百年好合"이라 썼다. 뱃머리에 잔치 휘장을 걸치고 혼인 때는 먼저 대왕에게 절하고서 부모에게 절하고 부부가 서로 절하고는 함께 신혼방에 들어갔다. 혼인 잔치도 배 위에서 하였는데 큰 배 몇 척을 묶어 튼튼하고 널찍하게 만들었다. 우리가 현지조사를 하며 발견한 흥미로운 점은, 친분이 두터운 일부 선민들이 '선민촌船民村'을 만들어, 매년 새해에는 모두 배를 그 곳으로 몰고 가서 같이 축하하며 새해를 맞는다는 것이었고, 새로운 선민 부부의 결혼식도 치르곤 하였다.

예전에는 선민이 항해를 하다가 타향에서 객사하면, 배는 화물 운송 때문에 즉시 시신을 고향으로 운구하지 못하므로 육지의 적절한 장소에 관을 묻거나, 그 곳에서 사람을 고용해서 관을 지키고 있다가 배가 오기를 기다려 고향으로 관을 운구해 가곤 하였다. 만약 배를 다른 사람에게 맡기는 경우엔 많은 비용이 필요했고, 전문적인 운구선을 만나면 가는 길에 바로 운구할 수 있었다. 일반적인 화물선이나 양식을 운송하는 배들은 관을 실어주지 않기에 운구선을 기다려야 했고, 운구가 고향에 도착하면 뱃머리에 안치막을 치고 장례식도 배 위에서 진행하며 여러 척의 큰 배를 묶어서 하였다. 장례를 치른 뒤 풍수도사가 고른 좋은 임지에 묘를 파서 매장하고, 개발 안 된 숲이 있으면 숲에 묻기도 했다. 어떤 선민은 육지에 땅이 없으므로 약간의 매장지를 사서 매장하기도 했다. 지금도 배에서 '상사喪事'를 치르면 길하지 않은 일로 여긴다. 자기 배에서 사람이 죽었다는 사실이 알려지면 그 배는 가격이 떨어지고 사려는 사람도 없게 된다. 사람이 죽은 배를 굳이 팔아야 한다면, 이 배에서 사람이 죽었다는 사실을 상대방이 알게 해서는 안 된다.

6) 신앙 금기

응답자 선민의 신앙

종류	빈도수	백분율
민간/지방신 제사	62	22.8
제도적인 종교신앙	43	15.8
조상 제사	58	21.3
없음	114	42.0

응답자 선민의 금기

종류	빈도수	백분율
여성이 뱃머리 쪽으로 배에 올라타면 안 된다	59	21.7
언어 금기	99	36.4
음식 금기	23	8.5
생산 금기	180	19.9
행위 금기	121	44.5
없음	98	36.0

옛날에 선민들은 물을 집으로 삼았고 물에 기대어 생계를 이었기에, 물에 의존하는 동시에 물에 대한 경외심을 가졌다. 변덕스러운 날씨, 예측할 수 없는 물의 흐름 변화는 모두 그들에게 영향을 끼칠 수 있었다. 고독하고 아무 것도 보장되지 않는 물 위의 생활은 많은

선민들이 물을 두려워하게 만들었다. 그리하여 선민들은 물에 대한 경외를 만천 신불에게 의탁하였으니, 신앙이 경건하고 금기가 많았다. 금기는 언어, 행동, 음식, 생산 금기로 나눌 수 있다. 첫째는 음식 금기이다. 선민들은 "가물치를 먹으면 안 된다. 가물치는 효어孝魚다," "배에 튀어들어온 물고기는 먹지 않는다. 이런 물고기는 용이 되려 뛰어오른 것이다"라는 이야기를 우리와 인터뷰에서 자주 하였다. 둘째는 행동 금기로서, 예를 들면 "여자는 배에 올라서는 안 되고 뱃머리 쪽으로 배에 올라타면 안 된다," "이불을 안고 고기와 반찬을 가지고 다른 배에서 건너오면 안 된다," "젓가락을 그릇에 걸치면 안 된다. 거꾸로 뒤집은 배처럼 보여서 배가 뒤집힐 수도 있다" 등의 금기이다. 셋째는 언어 금기로서, "배에서는 뒤집는다는 말을 하지 않는 것이 좋다. 배가 뒤집힐 수도 있기 때문이다" 등이 있다. 네 번째 생산 금기는 새 배를 띄우거나 출항하거나 배를 수리하는 것과 관련된다. 배를 진수할 때는 폭죽을 터뜨리고 재신보살財神菩薩을 모시며, 아무 때나 배를 수리하면 안 되고 길일을 잡아서 수리해야 하며, 배를 고친 후 뱃머리에 얇은 끈을 달아 한 해 동안 많은 수확이 있길 바란다는 기대를 표시한다. 새해에 새로 출항하는 날은 신중하게 고르는데 일반적으로 초 여섯, 초 여덟 날 출항하며 '14일'에는 출항하지 않는다. 주목할 점은 언어든 행위이든 여성에 대한 금기가 많다는 것으로서, 예를 들어 "여자는 배에 올라타면 안 된다," "아이를 낳거나 낙태한 후 한 달 동안은 남의 배에 타면 안 된다" 등이 있는 반면 남성에 대해서는 별다른 금기 규정이 없었다.

일부 옛 선민들은 예전부터 자신만의 신앙과 금기가 있었다. 물 위에서 생활하기에 선민들은 용왕을 특히 경외하며 일상적으로 '대

왕大王'과 '노패老牌'를 모셨다. 새해가 되면 돛대에 "대장군위풍팔면
大將軍威風八面", "이장군득력선행二將軍得力先行"이라는 대련을 붙
이고 세 종류의 짐승을 놓고 뱃머리에 붉은 색을 드리운다. 선민들은
새로 만든 배를 진수시킬 때는 신을 경배하는 의식을 성대하게 치르
고 길일을 택해 진행했다. 출항하기 전에는 선신船神께 제사를 올리
며 경건하게 기도를 드리고, 강기슭에 선신 사당을 만들어 향을 피우
고 절을 올렸다. 오늘날은 과학기술의 발달로 선민들은 날씨 예측을
더이상 하늘이나 신선들에게 제사지내는 데 의존하지 않고 GPS와
무선통신 등으로 위험을 피하며, 풍랑이나 날씨가 열악한 날엔 신에
게 기도하며 운을 구하기보다는 위챗 공식계정이나 무선통신을 통해
경고 안내를 보는 게 더 도움이 많이 된다고 여긴다. 역사적으로 문
화대혁명 시기에는 선민들이 신과 부처님에게 비는 것이 금지되었고,
이런 단절기를 거치면서 신과 부처는 점차 선민들의 삶에서 사라져
갔다. 세월이 흘러 우리가 이번 조사를 할 때 42%의 선민이 종교신앙

이 없다고 답했다. "요새 누가 봉건미신을 믿어? 난 그런 거 안 믿어." 이러한 신앙의 몰락과 함께 배 위에 존재하던 금기도 점차 사라지고 있다.

7) 사회관계

친구관계 분포

종류	빈도수	백분율	누적 백분율
동향 비非선민	56	20.6	20.6
동향 선민	151	55.5	76.1
같은 단위(소속사)	6	2.2	78.3
비非동향 선민	59	21.7	98.9
비非동향 비非선민	0	0.0	100.0
합계	272	100.0	

위 표에서 드러나듯 79.4%의 선민은 친구 그룹이 역시 선민이고, 다만 동향이냐 아니냐의 차이가 있을 뿐이다. 또한 20.6%의 선민은 친한 친구가 동향 친구들이라고 했다: "친한 친구들은 고향에 있어. 어렸을 때부터 함께 자랐지." 이번 조사에서, 친한 친구 중 동향도 선민도 아닌 경우는 없다는 결과가 나온 데서 우리는, 선민의 인적 네트워크가 지역과 직업 정체성에 기반을 두고 있음을 알 수 있다. 고향 친구나 뱃생활에서 만난 친구들과 만나는 방식은, 각자의 배를 함께 대고는 배 위에서 밥을 먹는 것이었다. 평소 부두에 정박할 때 이들은 서로 아는 사람들끼리 함께 배를 댄다. 서로 돕기도 하고, 쉴 때도 서로 방문해서 잡담하는 것이다. 우리는 선민의 교제 범위가 매우 협소하다는 것을 발견할 수 있었는데, 선민들에게 "당신과 친하

게 지내는 친구는 직업이 무엇인가"라고 질문하자 곤혹스러워하면서 "친한 친구? 나 친한 친구 없는데"라고 답하는 경우도 많았다. 선민 들도 평소에 위챗이나 QQ 등 인터넷을 이용하여 인터넷 쇼핑도 많 이 하고 인터넷으로 외부 소식과 정보도 많이 얻고 있지만, 인터넷의 개방이 지리적 요소로 인한 격리를 극복하게 해주지는 못했다.

8) 사회보장과 복지

응답자 선민의 사회보장 유무

종류	빈도수	백분율
양로보험	113	41.5
의료보험	199	73.2
출산보험	9	3.3
산재보험	22	8.1
실업보험	40	1.5
노동자 적립금	40	1.5
상업보험	97	35.7
없음	33	12.1

위 표에 보듯 응답자 선민의 73.2%는 의료보험, 41.5%는 연금보 험, 35.7%는 상업보험에 가입되어 있고, 12.1%는 어떠한 사회적 보장 도 받지 못하고 있었다.

양로보험 없어. 누가 날 가입시켜 주겠어? 우리 농촌에는 사회보 험이 있고, 선주가 배를 내보낼 때 상업보험을 들어줘.

우리가 배를 탈 땐 상해보험만 있어. 배를 타는 날부터 가입되고, 배에서 내리면 보험이 바로 중지돼.

지금 이 직업에 대한 느낌은 좀 그래. 우리 세대는 공산당의 전환점 같은 데 걸쳐 있는 것 같아. 우리 윗 세대는 항운회사라는 교통국 직속 단위에 소속되어 있었는데, 우리는 노동국이 정식으로 고용한 게 아니라서 사회보장이 없고, 회사에선 우리를 위해 보험 가입 같은 돈을 쓰지 않으려 하니까 방법이 없어. 우리 아버지는 사회보장을 다 가지고 항운회사에서 은퇴하셨어. 그치만 우리 세대는 나라에서 신경을 안 쓰니 아무 보장도 없어.

여기서 주의할 점은, 의료보험과 연금보험은 직업 선민으로서 가입된 것이 아니라 그들의 또 다른 사회적 신분, 즉 육지의 농민으로서 가입된 것이라는 점이다. 따라서 선민이 가장 많이 보유한 양로보험과 의료보험은 농민 신분으로서 가진 보험이고, 직업 신분의 상업보험, 산재보험, 실업보험 등을 가진 이는 극히 일부 뿐으로서, 선민이 누릴 수 있는 사회보장과 복지는 매우 제한적이었다. 또한 우리가 선공들과 인터뷰를 해보니 선공 고용이 모두 친척이나 친구의 소개로 이뤄진다는 걸 발견하였다. 즉 대부분의 선공이 근로계약이 없이 구두 협의만으로 일하고 있었다.

9) 수입과 지출

우리는 설문조사에서 선박의 소유 여부에 따라 선민을 선주와 선공으로 구분했다. 선주는 배의 소유권을 가지고 배를 사유재산으로 삼은 자로서, 과거의 국영 선대船隊의 운수 관리인과 달리 오늘날 운하에서 운항하는 배는 대부분 개인 소유로서 선주가 수익과 위험을 감당해야 한다. 자기가 산 배를 직접 운항하는 선주도 있고 타인에게 맡겨 운항하게 하는 선주도 있다. 선주는 사람을 고용해 자기 배를 운항하게 하기도 하고, 타인에게 빌려주어 매년 일정한 수입을 얻기도 한다. 일반적으로 화물 공급원은 선주가 주동적으로 찾아야 하는데, 최근엔 인터넷의 빠른 발전으로 선주들이 화물 공급원을 찾을 수 있는 통로가 많아졌다. 그러나 최근 몇 년간 절강성의 '오수공치五水共治' 정책으로 일부 공장이 폐쇄되고, G20이 끝나고서 건축 자재 수요가 감소하는 등의 요인으로 내수 운송업은 전체적으로 하락세에 있다. 최근 몇 년간 친척이나 친구들을 투자자로 끌어들여 운송업을 한 선주들은 자금이 배에 묶여있다며 원망하기도 했다.

업계가 비록 불경기이지만 선주의 연간 순이익은 7~30만 위안으로서 2016년 중국에서 발표한 도시와 농촌 주민의 평균 1인당 가처분소득 33,852.91위안에 비해 훨씬 높다. 또 선주 가운데 수입이 11~14만 위안인 이들이 전체 응답자 선주의 30.2%를 차지했으니, 이러한 수익은 육지에서 일하거나 보따리 장사를 하는 사람보다 훨씬 높다. 그러나 선주들은 육지의 일반 일용직이나 영세 사업자에 비해 훨씬 스트레스가 크고, 특히 최근 몇 년간 새로 유입된 선민들은 배를 사느라 빚을 졌기 때문에 더욱 압박감에 시달린다. 우리가 조사해 보니 70%의 선민이 대출을 받아 배를 샀는데, 선주들 중 은행 대출로 배를 산 사람은 소수이고 대부분 민간 신용대출로 돈을 빌렸음을 발견했다. 은행의 이자율이 낮긴 하지만 절차가 너무 번거롭고, 대부분의 선민은 은행에서 돈을 빌릴 수 있는 자격조건에 해당이 안되기 때문이었다. 선주들이 보기에 은행은 이율이 낮긴 해도 규정의 융통성이 너무 없어서 만기가 되면 즉시 돈을 갚아야 하는데, 선민들은 언제 목적지에 도착하고 언제 정박할지 확실한 게 하나도 없기 때문에 기한에 맞춰 돈을 갚기가 어려울 경우가 많다. 반면 사금융의 경우 이자율이 높긴 해도 상대와 의논하여 만기를 좀 늦출 수도 있다는 장점이 있다.

선공들은 피고용자 신분으로 배를 타고 배에서 먹고 자는 사람들로서, 배에 대해 사용권만을 가졌을 뿐이므로 선주처럼 손익을 책임질 필요가 없다. 선공은 일반적으로 고정 임금을 받는데, 현재 시세로는 절강성 지역의 선공 임금이 5,000위안 안팎으로 가장 높다. 이는 물론 가장 낮은 허드렛일을 하는 일반 선공의 경우를 가리키는 것이고, 기관사나 선장 같은 기술자의 경우엔 그들이 보유한 자격증에 따라 임금이 차등 지급된다. 대부분의 선공은 선장이나 선주보다 부담이 없어서 홀가분하다고 여기는데, 고정 임금을 받으므로 수입이 들쭉날쭉할까봐 걱정할 필요도 없고 대출 부담도 없기 때문이다. 또 이들은 배 위에서 생활하며 소비도 거의 하지 않아서, 술이나 담배 외엔 돈쓸 일도 거의 없으니 5천 위안 중 4천 위안을 거의 남긴다. 이렇게 계산하면 1년간 집에 가져갈 수 있는 수입이 약 3만 위안이 된다. 또 선공 중 일부는 임금 수입이 없는데, 부부선

응답자 선주 가정의 지출 상황

종류	빈도수	백분율
자녀교육	88	55.0
일상생활	114	71.3
집 구매	12	7.5
의료	18	11.3
사회생활	14	8.8
대출금 상환	68	42.5
기타	8	5.0

(부부가 운영하는 배)의 여성들은 일반적으로 세탁이나 요리 같은 일을 담당하고, 일부 여성은 기관증이나 선박운전면허증을 따서 기관사나 선장이 되기도 하지만 이런 일을 하더라도 가족이기 때문에 월급을 받지 못한다.

선주들의 경우 대부분의 지출은 가족 부양비이다. 자녀교육과 일상생활은 대부분의 사람들에게 불가피한 지출이고, 42%의 선주는 수십만 위안에서 많게는 100만 위안의 빚을 짊어지고 있다. 특히 선주의 가정소득(월평균 4~5만 위안)이 높으므로 이들의 일상생활 지출은 육지 봉급생활자의 일상생활 지출보다 높지만, 이들은 일 년 내내 배 위에서 살다 보니 자녀교육이 제대로 이뤄지지 못하여, 선민 집단의 경제력과 교육 자원 사이의 괴리가 큰 경우가 많다는 점이 주목할 만하다. 선공은 선주가 숙식을 제공해 주고 계속 배에서 살기 때문에 지출이 별로 없고, 대부분은 돈을 모아서 휴가나 설 때 집에 가져간다.

10) 힘들고 고달픔

밤샘업무와 무미건조한 생활은 선민들이 가장 많이 고충으로 꼽는 양대 주제다. 화물 운송을 한 번 하는데 짧게는 2~3일, 길게는 열흘에서 보름까지 걸린다. 그 기간 동안 부두나 갑문에 이르러 배를 대고 쉴 때를 제외하면 밤낮을 가리지 않고 줄곧 운항해야 한다. 마찬가지로 밥 먹는 시간도 정해져 있지 않고 언제든 배고플 때마다 먹는 것이 일상화되어 있다. 무미건조한 뱃생활은 배에 오락 공간이 적기 때문만은 아니다. 대부분의 선민은 고향을 떠나 일 년 내내 물 위를 떠돌며 살고, 한두 살 먹은 아이를 고향의 부모에게 맡겨 돌보게 된다. 아이가 보고 싶을 때는 휴대폰을 열어 아이의 사진이나 동영상을 보며 그리움을 달래는 수밖에 없다.

아이가 보고 싶지 않을 리가 있나? 근데 어쩔 수 없지. 온 가족이 내가 돈 벌어오길 기다려서 그걸로 밥 먹고 사는데.

뱃생활 정말 힘들어. 어제 3시에 배를 몰기 시작해서 지금까지 잠도 못 잤어. 자식 세대엔 배를 타지 않고 살길 바랄 뿐이야. 너무 힘들어. 공장에서 일하면 밤에 잠이라도 잘 수 있는데 배를 타면 잠을 잘 수가 없어. 밤에도 쉬지 못하고 계속 배를 몰아야 해. 잠깐이라도 배를 멈추면 선주에게서 바로 전화가 와. '고생 많네. 내가 화물 기다리고 있네'라고 하는 거야. 그 사람이 나에게 월급을 주는 사람이니 죽을 힘을 다해 일해야지.

응답자 선민들의 고충

종류	빈도수	백분율
낮은 소득	158	58.1
무미건조한 생활	188	14.0
사람들의 무관심	122	14.7
가족과 같이 있는 시간은 짧고, 떨어져 있는 시간은 긺	192	70.6
사교 집단이 좁고 폐쇄적임	156	57.4
복지 보장 결여	129	47.4
근무와 생활 환경 열악함	219	80.5
근무가 위험한 편임	128	47.1
상승이동을 하기 어려움	138	50.7
기타	27	9.9

응답자 선민들은 밥을 제때 먹지 못하고 밤을 새우기 일쑤라는 말을 많이들 반복했다. 운항 중에 선장은 운전을 책임지고 기관사는 엔진 등 기계를 책임진다. 가끔 갑문을 지나 배들이 한데 모였을 때 고향 사람들을 만나면 함께 모여 밥도 먹고 잡담도 나눌 수 있지만 그 외의 시간엔 외로움을 달랠 길이 없다. 그래서 우리는 선민들과 인터뷰하기가 별로 어렵지 않았는데, 그들은 가슴속에 가득차 있는 말들을 털어놓을 사람이 없었기 때문이다. 선민들은 아는 것을 다 우리에게 이야기해줬을 뿐만 아니라 우리들을 매우 따뜻하게 대해주었다. 식사 시간이 되면 반드시 우리 조사자들을 초대해서 함께 밥을 먹었다. 물론 그들은 때로는 연구진이 하는 인터뷰가 실제로 그들에게 아무 도움도 안 되고, 그들이 한참을 이야기해주어도 별 의미가 없다는 것도 알고 있었다. 그럼에도 그들은 누군가 자신의 목소리를 밖으로 내 주기를 절박하게 희망하였고, 자신의 권리에 대해 발언권이 없는 현실을 아프게 인식하고 있었다.

V

운하의 물 환경
관리정책과 선민의 인식

    V장에서는 운하 물 환경과 관련하여 여섯 가지 분야로 나누어 우리가 수집한 자료를 기반으로 분석을 제시하고자 한다. 첫 번째, 기존 문헌 수집을 통해 대운하 통항 구간을 행정관리구획에 따라 나누고, 절강 구간과 강소 구간의 항주와 상주를 예로 들어 운하 물 환경에 대해 과학적으로 서술해 보았다. 두 번째, 선민(항주 구간 선민)의 시각에서 운하 물 환경의 수질 변화와 원인과 관리를 정리하고 선민만의 독특한 지식체계를 묘사한 후 앞에서 서술한 과학적 시각과 비교 분석해 본다. 세 번째, 선민과 밀접한 관계에 있는 정부 관리부서에서 물 환경의 관리에 대해 진행한 평가와 선민의 반응에 대해 세 가지 차원(관리 정책에 대한 선민들의 이해, 관리 효과에 대한 인정, 그리고 관리 정책 자체에 대한 이해)으로 나누어 정리한다. 네 번째로 선민과 물 환경의 친밀성을 검토하고, 이상적·도덕적 모델이 선민에게 미치는 영

향을 살펴보면서 연령·세대·뱃생활 시간에 따라 다양한 요소가 환경 친밀성에 미치는 작용을 고찰할 것이다. 다섯 번째로 수상 운송 차원에서 내하 선박의 운송규정을 본 뒤 선민들이 느끼는 수상 운송의 문제점과 건의를 살펴볼 것이다. 선민들의 입장에서 문제는 시장의 파동과 정부 관리라는 두 가지 측면이 모두 포괄되어 있다. 마지막으로 이 내용들을 모두 정리해 보고 후속 연구방향을 제시하겠다.

① 운하의 물 환경

경항대운하는 살아있는 형태의 유산으로서 여러 역할을 수행하고 있는 바, 운하 연안 도시의 생활과 생존에 편리를 제공하고 각 도시를 연결하는 통행 기능도 수행한다. 통행 기능을 보면 산동성 제녕濟寧에서 남하하여 회양淮揚운하, 강남운하, 그리고 절동浙東운하까지 연결되어 전당강을 통해 바다와 연결된다. 운하는 움직이는 선형 유산이므로 운하에 대한 관리는 행정관리와 함께 이뤄지고, 운하가 흘러가는 곳의 성·시에서 경내 구간을 관할한다. 각 구간 운하의 상태는 그 지역의 사회·정치·경제적 발전과 밀접하게 연관되어 있고, 각 구간 운하에는 해당 지역 사회발전의 변천사가 아로새겨져 있다. 아래에서는 각 성 간의 행정적 경계를 대운하 구간의 분계점으로 삼아, 여전히 통행이 이뤄지고 있는 운하를 절강 구간과 강소 구간(산동 구간의 자료는 없어졌음)으로 나누고, 구간별 물 환경의 역사적 변화(주로 수질 관점에서)와 그 변화의 원인을 정리하고 분석하였다.

1) 절강 구간

운하의 절강 구간에는 강남운하의 가흥~항주 구간, 남심南潯 구간, 그리고 절동운하의 항주 소산~소흥 구간, 상우上虞~여요餘姚 구간과 영파 구간이 포함된다. 경항대운하의 최남단은 항주로서, 과거에 배를 몰던 이들의 서술에 따르면 공신교에 이르러 악취가 나면 항주에 다 온 걸 알 수 있다고 했다. 현재 운하 수계 항주 구간의 단면 수질 측정 자료에 따르면 항주 구간의 수질 종합평가는 3급에서 5급수 범위 내에 있고,[1] 내하의 수역 기능 기준[2]에 따라 3등급 수역은 어업용과 수영용 수역이며, 4등급 수역은 공업용과 오락용 수역, 5등급은 농업용과 일반 조경 요구에 적합한 수역이다. 아래에서 운하 항주 구간을 사례로 들어 경항운하 절강 구간 운하 물 환경의 역사적 변천과 원인을 짚어보고자 한다.

운하 구간 물 환경의 역사적 변천

문자기록과 단면수질 측정 데이터를 보면 운하 항주 구간은 몇 차례 중요한 시점이 있었다. 1950년대 이전까지 운하 연안 시장이 번창했다는 문자 기록 그리고 연안 주민들이 운하에서 물을 얻고 수영을 했다는 보도를 보면 운하가 전반적으로 수질이 좋았다고 추정할 수 있다.[3] 1970년대 이전에는 기업들이 운하 양안에 빽빽하게 자리 잡았

---

1 薛慶雲, 楊艷艷, 丁新峰, "三堡口門引配水工程對運河杭州段水環境影響分析",《浙江水利科技》, 2018(2): pp.37-49.
2 地表水環境治療標准(GB3838-2002).
3 『運河杭州段的環境狀況分析與對策建議』, 浙江大學, 2001.

고 도시 인구가 급증하면서 운하 수질이 악화되기 시작했지만 여전히 3급수 범위에 있었다.[4] 1970년대 말 절강 수문시스템이 수질오염 측정을 시작했는데, 공신교 단면 수질 관측소에 따르면 1970년대 이

운하 항주 구간 물 환경의 역사적 변천(공신교, 城區)

시간	표본측정 단면	수질 등급	수질 상황	주요 오염물질	오염원	참고자료
1950년대 이전	-	-	식수용	-	-	『運河杭州段的環境狀況分析與對策建議』
1950~ 1960년대	-	3급				『運河杭州段30年水質變化趨勢研究』 『運河杭州段水環境發展趨勢及主要問題分析』
1970년대	공신교		경도 오염			『運河杭州段水環境發展趨勢及主要問題分析』
1980년대	공신교		중간 오염			『運河杭州段水環境發展趨勢及主要問題分析』
1990년대	종합		심각한 오염	유기오염 물질	공업, 생활, 가축 양식, 농업 비료, 항운 선박	『運河杭州段水環境發展趨勢及主要問題分析』
2000~ 2007년	종합	5급 미만			하천 유입, 도시 오염수, 빗물과 먼지의 하천 유입 오염, 내원 오염	『京杭運河(杭州城區段)水環境現狀及整治措施』
2007~ 2013년	종합/ 공신교	3~4급	중간 오염-경도	암모니아 질소, 인	오수공치五水共治: 오염기업, 농업, 양식업 전환 및 업그레이드, 도시와 농촌의 오염 제지 및 하수관 연결	『公衆參與運河(杭州段)水質評價』, 『三堡口門引配水工程對杭州段水環境影響分析』, 『省控斷面全部剿滅劣V類』

4 蔡臨明, "運河杭州段水環境發展趨勢及主要問題分析",《浙江水利科技》, 2003(2): pp.12-15.

후 운하 수질 상황은 경미한 오염에서 중간 정도 오염으로 변해갔고 1990년대에는 심각한 오염이 되었다.[5] 운하 내 오염 물질은 암모니아 질소, 인磷 등 유기오염물질이 주를 이루며, 주로 주변의 공업, 생활, 가축 양식, 농경지 비료 및 운항 선박이 배출하는 폐수와 폐기물에서 유래하였다. 20세기 말까지 운하 항주 구간의 물 환경은 지속적으로 악화되었다.

21세기에 들어와 운하 항주 구간의 수질은 점차 좋아지기 시작했다. 2007년 이전에는 운하 수계 항주 구간 단면별 측정 데이터에 따르면 운하는 여전히 전반적으로 5급수로서 열악했고 오염물은 주로 하천 유입, 도시 오염수 유출, 비올 때 흘러들어오는 오염, 지역 오염 등이었다.[6] 흘러들어오는 물은 동하東河, 여항당하餘杭塘河, 노여당하老餘塘河, 전창하電廠河, 항강하杭鋼河 등 여러 내하를 포함하는데 COD(산소소비량), 암모니아 질소, 인 등의 오염물질이 함유되어 있어 가장 큰 운하 오염요소가 되고 있다. 2007년 이후 삼보구문三堡口門에서 물을 끌어오는 공사를 시작하면서 운하 항주 구간의 수질이 달라지게 되어[7] 점차 중간 정도의 오염으로 바뀌었고, 각종 물 환경 관리정책 추진에 따라 현재는 가벼운 오염을 유지하고 있다.[8] 운하

5 蔡臨明, "運河杭州段水環境發展趨勢及主要問題分析",《浙江水利科技》, 2003(2): pp.12-15.

6 戴成華, 吳海霞, 張洪榮, "京杭運河（杭州城區段）水環境現狀及整治措施",《中國給水排水》, 2014(30-9): pp.73-77.

7 薛慶雲, 楊艶艶, 丁新峰, "三堡口門引配水工程對運河杭州段水環境影響分析",《浙江水利科技》, 2018(2): pp.37-49.

8 浙江日報, "省控斷面全部剗減劣Ⅴ類", 2007.10.18.(http://www.zj.gov.cn/art/2017/10/18/art_32931_2252055.html.)(검색일시:2018.06.16.)

내 오염물질은 여전히 유기오염이 주를 이루며 2016년 공신교 측정
소에서 오염물을 측정한 바에 따르면 암모니아 질소는 5등급, 인과
용존산소는 4등급, 나머지는 3등급 안에 있어서 운하 생태 기능이
회복되기 시작했음을 알 수 있다.[9]

사회경제 발전, 공공정책과 운하 치리

  운하 항주 구간의 수질 변화 상황을 보면 수질 변화가 연안 사회의
정치·경제 발전과 밀접한 관련이 있음을 알 수 있다. 앞서 언급한
1970년대 이후 수질의 악화 및 2007년 삼보구문 배수 공정 등 사례
에서 보듯, 운하의 물 환경은 경제 및 사회발전 정책의 영향을 받는
것이다. 항주는 1950년대 이후 공업화와 도시화가 선도하는 도시 현
대화 과정을 거쳤고 2000년대 초에는 과학적 발전관과 생태 문명 사
상 속에서 발전하였다. 20세기 항주의 도시 발전과 절강성, 항주시의
물 환경 관리 공공정책을 아래에 정리하면서 운하 환경 변화의 원인
을 분석해 보겠다.
  절강의 경제 구조는 과거에 '경(공업)·소(공업)·집(체기업)·가(공
업)'이라 불렸다.[10] 절강 모델의 형성과 특징에 관한 연구에서[11] 루리
쥔陸立軍·왕주치앙王祖强·양즈원楊志文은 절강 모델 형성에서 나타

---

9 薛慶雲, 楊豔豔, 丁新峰, "三堡口門引配水工程對運河杭州段水環境影響
   分析", 《浙江水利科技》, 2018(2): pp.37-49.
10 馮興元, "'浙江模式'和'蘇南模式'的本質及其演化展望", 《珠江經濟》, 2004:
   pp.40-44.
11 陸立軍, 王祖强, 楊志文, "發展社會主義市場經濟的浙江模式", 《經濟理論
   與經濟管理》, 2008(7): pp.18-22.

난 특징을 3가지로 제시했다: (1) 민본경제, 즉 개인 재산권을 중심으로 자영업자와 가족기업 등 민간역량을 주요 추동력으로 하는 자체 발전, 자체 조직, 자체 순환 발전 모델, (2) 내생 경제, 그 발전동력은 지역 내 또는 국내 자금, 인재의 누적과 이전에서 창출되며 외자에 대한 의존도가 비교적 낮다, (3) 부민富民 경제, 즉 산업 발전으로 창출된 상업적 이윤이 주로 기업, 자영 상인과 개인의 손에 들어간다. 이에 따라 집체 경제와 함께 발전한 소남모델蘇南模式과 외자를 주동력으로 하는 주강 모델珠江模式은 서로 구분되며, 이런 상황은 절강성에 수많은 민영기업가가 있고 지역 상업이 발전한 환경에 기반을 둔다.

그러나 전통적 발전 모델은 경제 총량의 증가를 발전의 최우선 또는 유일한 목표로 삼되 과학기술, 교육, 문화, 위생 등 인민 생활과 직결된 다른 분야의 발전을 도외시한 채 자원요소의 고투입에 의존해 환경을 희생시키는 대가로 빠른 경제성장을 가져오는 방식이었으니 고투입, 고소비, 고배출, 부조화, 난순환, 비효율, 파편화, 단기적, 그리고 지속 어려운 발전 모델이라고 비판받았다.[12] 이와 같은 거친 경제 발전 모델은 자원 부족, 생태계 파괴, 환경 오염 등 여러 가지 문제를 야기하였다.[13] 운하의 경우 1980년대 운하 수질 측정에서 유기오염이 발견됐고,[14] 철과 망간도 오염 원소에서 검출되었다.[15] 또

---

12 蔡臨明, "運河杭州段水環境發展趨勢及主要問題分析", 《浙江水利科技》, 2003(2): pp.12-15.

13 蔡臨明, "運河杭州段水環境發展趨勢及主要問題分析", 《浙江水利科技》, 2003(2): pp.12-15.

14 『運河水系浙江段汚染簡況』, 1982, p.30.

한 이런 요인들은 인근 공장의 영향을 받는 수질 환경에서는 쉽게 해소되지 않아 수질은 5급 이하로 떨어졌다. 1998년 「절강성 환경질량보고서」를 보면 '운하 항주 구간, 가흥 구간, 소소蕭紹 구간 등 각 구간의 수질은 모두 이미 1~3급이 없으니 기능을 충족시키지 못하는 구간이 100%이다'라고 서술하고 있다.[16] 그만큼 발전에 따른 환경파괴는 막대하였다.

1950년대부터 항주시의 공업 발전은 이미 시작되어 "도시 북부 지역에는 직물 염색 연합 공장, 시 화력발전소, 시 제1 면방직 염색 공장, 화풍華豐 제지공장, 화학섬유 공장 등의 기업이 운하 양안에 분포해" 있었다.[17] 도시 인구도 급속히 증가하여, 1980년대부터 경제가 지속적으로 빠르게 발전하며 "1978년부터 1998년까지 항주시의 국내총생산(GDP)은 14억 2,000만 위안에서 568억 7,400만 위안으로 증가했고, 1998년의 GDP는 1978년의 40배였다".[18] 도시 인구는 계속 빠르게 증가하여 1978~1998년의 20년 동안 항주 시내 인구는 1978년의 104.53만 명에서 1998년 171.89만 명으로 64.44% 증가하였다.[19] 1950년대부터 21세기까지 항주는 경제성장 주도형의 거친

---

15 吳敦放, 翁煥新, 《運河(杭州段)水介質環境對鐵錳含量的控制作用》, 1987: pp.18-21.

16 吳敦放, 翁煥新, 《運河(杭州段)水介質環境對鐵錳含量的控制作用》, 1987: pp.18-21.

17 沈滿洪, "運河杭州段的環境狀況分析與對策建議", 《經濟地理》, 2001(21-4): pp.409-413.

18 沈滿洪, "運河杭州段的環境狀況分析與對策建議", 《經濟地理》, 2001(21-4): pp.409-413.

19 沈滿洪, "運河杭州段的環境狀況分析與對策建議", 《經濟地理》, 2001(21-4):

발전 모델을 택했지만, 새로운 '이인위본以人爲本' 발전관이 1980~90 년대에 출현하여 21세기 초에는 상당한 규모로 실천되기 시작하였 다. 그러나 급속한 경제성장으로 환경 관리에 큰 투자를 하기 어려웠 고 기술적 난이도의 제약도 있어서 수질 환경 악화를 통제하기는 어 려웠다.

절강성은 날로 심해지는 생태환경 퇴화와 운하 수계 물 환경 악화 에 직면하여 2005년 성省 차원의 생태보상조례를 제정했다. 수계 원 천지가 중요한 생태적 기능을 담당하므로 절강성은 2006년 전당강 원천지에서 생태계 전용 보조 시범사업을 벌였고, 2008년에는 전 유 역 8대 수계 원천지 생태계 보조사업을 시행하여 환경 보호 인프라 가 정비되고 생태환경 관리 능력도 향항되었다. 성 재정에서는 수계 원천지 전용 보조 자금 지원 외에도 '천 개의 마을을 시범으로 하고 만 개의 마을을 정리한다(천촌시범千村示範, 만촌정치萬村整治)', '만리 에 푸른 물이 흐르게 한다(만리청수하도萬里淸水河道)', 농촌지역 환경 오염 관리와 에너지 생태계 건설, 도시 오·폐수와 도시 폐기물 집중 관리, 공업 오염원 관리 등에 대한 재정 보조를 시행하고, 농촌 환경 정비와 도시 오·폐수 집중 관리와 공업 오염원 관리에 대한 행정적 지원 정책을 실시하여 중요 구역과 중점 오염원에 대한 관리가 강화 되며 환경이 개선되고 있다.[20] 물 환경 관리를 기획 주제로 하여 2013년 말 '오수공치五水共治'를 시작하고 '하장제河長制'를 실시했

pp.409-413.

20 沈滿洪, "運河杭州段的環境狀況分析與對策建議", 《經濟地理》, 2001(21-4): pp.409-413.

으며, 2017년에는 「절강성 하장제 규정」을 만들어 5등급 하장 네트워크를 제시하고, 운하 수계에 4등급 하장제 네트워크를 확립하여 오염원에 대한 실시간 측정이 가능해졌다. 2016년에는 국가의 '물10조水十條'에 호응하여 절강성은 자기 성의 물 환경에 부합하는 '물10조'를 내놓았다. 일련의 물 관리 공공정책의 추동 하에서 성은 3년 이내에 '오염원을 차단하고 물을 맑게 만들며 오염원 산업을 정리하고 생태를 회복한다(截, 清, 治, 修)'를 중점사항으로 삼아 오염기업의 폐쇄와 정비, 농업의 친환경 전환 실시, 친환경적 생활방식 선도, 그리고 생활오염 처리 기반 확립을 통해 5등급 이하의 수질을 제거하였다.

항주시는 수계 관리에서도 성 생태계 보상 기제와 '오수공치'에 적극적으로 호응하면서 현저한 성과를 거두었다.[21] 시민이 거주하는 생태환경의 질이 크게 개선되어 각 수계의 수질이 모두 향상되었고, 물 끌어오는 공사와 오염 차단 등의 조치를 통해 운하의 수질을 호전시키고 5등급 이하를 벗어났다. 일찍이 1980년대에는 운하 항주 구간을 간산艮山항에서 삼보갑문까지 이어서 전당강과 연결하였다. 1980~90년대에는 서호西湖의 물을 끌어오는 공사가 시행되었고, 2007년에는 삼보갑문 물 끌어오기 공사로 운하의 수질이 변화하였다. 오수공도五水共導, 오수공치의 지도 하에서[22] 시내 중동中東 수로 정비, 도시 오수 차단 등을 하고 산업을 좀 더 발전시켜서 운하 주변

21 蔡臨明, "運河杭州段水環境發展趨勢及主要問題分析", 《浙江水利科技》, 2003(2): pp.12-15.

22 楊艶艶, 盧衛, 朱江, "運河杭州段30年水質變化趨勢研究", 《浙江水利科技》, 2012(4): pp.24-26.

도시와 농촌에서 생활, 공업, 농업, 양식업 등에서 나온 오염물이 하천에 유입되거나 지역을 오염시키는 일을 효과적으로 억제하였고,[23] 이로써 운하 내의 주요 유기 오염물질이 감소하여 수질 향상이 이루어졌다. 2014년 운하가 세계문화유산으로 등재되자 항주시 정부는 "운하를 시민에게 돌려주고 유산을 보호하며 세계적 관광명품인 운하 황금유람노선을 만들자"는 운하 관리 목표를 제시하였고, 이를 위해 운하 관리 조치들을 강화하여 운하 수질을 기본적으로 4등급 이상 유지하였다.[24]

이와 동시에 운하의 통항 기능을 강화하기 위해 2017년 말 국가 중점사업인 경항운하 절강 구간 3급 항로 정비공정 중 항주 구간 관련 중점사업인 팔보八堡갑문 공사를 정식으로 시작했다. 이 공사는 경항운하 절강 구간인 압자댐鴨子壩에서 북성교北星橋 구간을 포함하며, 당서塘栖부터 박륙博陸에 이르는 지역을 개선하는 것이다. 팔보갑문과 박륙 사이에 새로 열린 항로는 2021년 준공되어 2022년 통행이 실시되면 1,000톤급 선박이 산동성에서 항주 팔보갑문을 거쳐 내하 항운체계에 바로 들어갈 수 있다. 기존 운하의 항주 구간은 운하에 2항도가 개통되면서 화물 운송 기능이 점차 없어질 것이며 이는 수질 환경에 영향을 미칠 것이다.[25]

---

23 陳天力, "重創新推動社會共治 抓落實釋放制度紅利: 浙江省杭州市落實 '河長制'的實踐", 《中國環境監察》, 2017(z1).

24 吳偉強, "運河水環境治理的創新實踐和成就", 《搜狐財經》, 2017.05.20.(http://www.sohu.com/a/142127279_670345)(검색일시: 2018.06.16.)

25 "運河二通道八堡船閘開建 2022年千噸貨輪直達杭州", 浙江新聞, 2017.12.29.(https://zj.zjol.com.cn/news.html?id=839142)(검색일시: 2018.06.22.)

2) 강소 구간

경항대운하는 강소성에서 장강을 경계로 두 부분으로 나뉘는데 하나는 소북운하로서 양주에서 장강으로 들어간다. 이 소북운하는 북방의 석탄을 남방으로 운송하는 주요 항로이자 남수북조南水北調의 공사지이다. 또 다른 구간은 소남운하로서, 소남운하는 강소성의 상주, 진강, 무석, 소주 등의 현과 시를 관통해 장강, 태호 수계와 만나고 상해, 절강 등 주변 지역의 성 사이 하천과 연결된다. 소남운하 구간은 '양주 육우구揚州六圩口 - 진강 간벽鎮江諫壁 - 상주 - 남심南潯 운하를 포함하고, 강소蘇, 산동魯, 안휘皖, 상해滬, 호남湘, 호북鄂, 사천川 등 13개 성 시의 선박이 해당 운하에서 운행하고 있다. 2010년에 이르러 모든 항로가 4급 기준에 달해 500톤급 선대船隊가 통행가능하게 되었고, 연간 화물 수송량은 1억 톤을 넘어 강소성 내 장강 항로의 수송량을 넘어서며, 호녕滬寧 철도 단선 화물 수송량의 3배에 달한다. 항행 선박의 밀도는 독일의 라인강을 능가하여, 경항운하에서 운송량이 최대에 이르고 밀도도 가장 높아서, 갓 건설된 간벽갑문은 하루 평균 10만 톤 이상의 선박이 통과하고 있다.'26

기존 자료들은 경항대운하 강소 구간의 수질 상황에 관한 연구가 모두 특정 구간에만 집중되어 있어서 전체적 서술은 부족한 점이 있다. 물론 운하 자체는 선형적으로 흐르고, 전체적 시각에서 출발하면 세부적 내용을 놓칠 수 있으므로 한 구간이나 한 도시를 택하여 연구하는 것은 나름의 의미를 지닌다. 따라서 우리는 경항운하 소주 구간의 수질 변화를 장강을 경계로 소북운하와 소남운하로 나눠서, 이

---

26 百度百科, 검색일시: 2018.07.07.

두 하단에서 각각 서주와 상주를 대표 도시로 삼아 과학적 시각에서 대운하의 수질을 살펴보았다. 두 도시를 선택한 이유는 경항대운하 강소 구간이 오염 분포가 뚜렷한 구간 특징을 지니며, 심각한 오염이 주로 소북 서주徐州 부분과 소남 소석상蘇錫常 부분에 집중되어 있고, 양쪽이 오염이 심하고 변화가 적으며 중간 오염이 적고 변화가 많은 공간 구조를 보여주기 때문이다.[27] 이 책에서는 상주 구간의 사례를 중심으로 서술하겠다.

소남운하: 상주常州 구간의 사례

1980년대 연안 공업이 급성장하면서 경항운하 상주 구간의 수질이 악화하여 어류를 비롯한 생물자원이 크게 파괴되었다. 2004년에 이르러 운하가 주변 기업의 주요 오수배출 하천이 되면서 수질이 생물에 미치는 독성이 뚜렷해져 정부가 이 문제에 주목하게 되었다. 2005년 상주시 정부는 운하 개선改線 공사를 통해 운항 오염을 줄이고 물을 바꾸는 맑은 물 공사를 시작하여, 오염을 시키는 기업들의 이전을 단계별로 추진하여 운하 수질 개선에 효과적인 기반을 제공하였다. 관계자는 "개혁개방 이후 이 지역의 경제가 빠르게 발전하면서 평원 지역의 급수망 수질이 많이 오염되고 급수원 수질이 영향을 받았다. 소남운하의 물 환경에 대해 낙관하기 어렵다"고 하였다. 2007년 당시 오염이 극히 심각하여 측정 단면의 수질은 기준치를 넘었고, 상주도 오염 지역에 속하여 수질이 기준을 넘어 심각한 상태

---

27 『京杭運河江蘇段水環境質量時空變異研究』, 2005.

였다.[28]

오염원은 도시의 생활 오수와 공업 폐수로부터 온 것으로서 소석상蘇錫常 시내에 집중되어 있었고, 시내에는 대부분의 중대형 광공업 기업이 모여 있었으며 주요 생활 오염도 여기서 주로 발생하여 하천 물의 사용에 영향을 미쳤다. 공업 폐수는 주로 COD(화학적 산소요구량) 오염물이 되었고, 생활 오수는 암모니아 질소 오염이 가장 심각했으며 인磷이 기준치를 초과하는 구간도 있었다. 당시 상주 구간의 대부분 물은 실질 오물 배출량이 물 환경의 용량을 초과하여 물 자체가 오염되어 있었다.[29]

상주시는 2005년 도시 발전과 수자원의 종합적 이용 요구에 부합하기 위해 경항운하 상주 구간에 대해 노선 변경공사를 시작했고, 변경된 노선은 덕승하구德勝河口에서 남쪽으로 돌면서 상주 도심을 지나 횡탑촌橫塔村에서 옛날 운하로 합류하는 것이었다. 새 운하는 2008년 1월 정식으로 개통되었고, 개통 후 상류와 덕승하德勝河 대부분의 물이 새 운하로 흘러들어가 무진武進 남부로 가게 되었고 무진 남부 지역의 수질을 개선할 수 있게 되었다. 옛날 운하는 경관 수로가 되었고 선박 오염은 없어졌으나 하천의 유량이 대폭 감소하고 물의 교환 능력이 낮아졌으며, 하천 연안 오염원이 근본적으로 해결되지 않았기 때문에 옛 운하의 물 환경은 여전히 열악하였다. 2013년에는 상류의 물을 끌어온 수량이 많았음에도 여전히 구역 내의 생태 수요량을 충족시키지 못하여 암모니아 질소가 여전히 기준치를 심각

28 『京杭運河常州段水環境保護成效評價及實施事實』.
29 『蘇南運河蘇錫常段水環境容量和排汚控制量研究』, 2007.

하게 초과했고, 주요 오염원은 연안의 생활 오염, 공업 오염, 가축 양식의 농업 오염이었다.[30]

2004~2016년 소남蘇南 운하 수질평가표

연도	진강鎮江	상주常州	무석無錫	소주蘇州	전체 구간
2004	5급	5급 미만	5급 미만	5급 미만	5급 미만
2005	5급 미만	5급 미만	5급 미만	5급 미만	5급 미만
2006	4급	5급 미만	5급 미만	5급 미만	5급 미만
2007	5급 미만	5급 미만	5급 미만	5급 미만	5급 미만
2008	4급	5급 미만	5급 미만	5급 미만	5급 미만
2009	5급	5급 미만	5급 미만	5급 미만	5급 미만
2010	4급	5급	5급 미만	5급	5급
2011	4급	5급 미만	5급	5급	5급
2012	4급	5급	5급	5급	4급
2013	3급	5급	5급	4급	4급
2014	3급	5급	5급	4급	4급
2015	3급	5급	5급	4급	4급
2016	3급	5급	5급	4급	4급

2017년에도 상주 구간은 여전히 소남운하 중에서 수질이 좋지 않은 구간이었다. '소남운하 진강 구간은 종합평가에서 수질이 제일 나은 편으로서 3등급이었다. 소주 구간은 그 다음 등급인 4등급이었고, 3등급보다 낮게 평가된 이유는 주요 암모니아 질소와 인의 지표가 기준을 초과했기 때문이다. 그러나 소남운하는 최근 10년간 전 구간 수질이 호전되고 있어서, 2004~2011년엔 대부분 5등급 미만이었으

---

30 『京杭運河常州段改線後水環境改善研究』, 2013.

나 2011년부터 전반적으로 한 단계 상승한 것을 볼 수 있다. 상주 구간의 수질도 5등급 미만에서 5등급으로 올라갔고 주요 오염원은 생활 오염, 공업 오염, 농업오염으로 여전히 오염상태는 낙관하기 힘들다.' 현재 주요 문제점으로는 유역 오염 부담이 비교적 높고 인프라 건설이 낙후되어 있으며 생태계 개선도 더 보완되어야 한다는 점이다.[31]

그러나 경항운하 상주 구간의 수질은 최근 눈에 띄게 개선되고 있다. 2013~2016년 경항운하 상주 구간의 수질 측정에 따르면 운하 수질오염은 여전히 심해지고 있지만 운하 수질의 중요 오염지표인 질소 농도로 평가해 보면 각 단면에 암모니아 질소 농도는 매년 감소했다. 특히 오목五牧 단면의 수질 기준 초과가 크게 완화되어 최근 3년간 암모니아 질소 농도가 '물10조'의 국가 기준 단면에 이르렀다. 또물의 생태 상황도 좋아져서 '12차 5개년 계획' 기간에 측정한 결과에 따르면 경항운하 상주 구간의 생물 완전성 지수는 상승 추세를 보여주었다. 강소 수문 수자원국의 정기 측정에 따르면 상주는 항상 강소성에서 수질 기준 달성률이 비교적 낮은 구간이었다.

운하의 수질 변화 및 운하에 대한 정부의 관리 정책

운하 상주 구간은 1983년 3월 25m 내외에서 50m로 넓혀졌고, 관련 시설이 조성되었으며 문화유적지와 관광시설도 복원과 증축이 이뤄졌다. 상주시는 운하 정비공사 지휘부를 만들어 시장이 지휘를 맡

---

31 『蘇南運河水環境保護與思考』, 2017.

았다. 공정은 1984년 3월 시작하여 철거민 2,982가구, 철거 가옥 16만 5,700m²를 이동시켰고, 상공기업 134곳이 영향을 받았으며 신축 주택 20만 7,200m²을 지었다. 파낸 흙은 190만 입방미터에 이르고 항만 정박 구간이 9곳이며 크고 작은 부두가 33개에 이르는 규모였다. 원래는 8개의 교량이 있었는데 3개를 개축하고 2개를 옮겨서 건설하였으며 연안 도로 4만m²를 복원했다. 고건축 보행자 거리를 건설하고 반월도半月島 등 8개 관광지를 증축했다. 공사에 총 1억 위안 가까이 투자했으며, 1989년 5월 부·성·시가 공동으로 실시한 평가에서 공정은 우수하다는 평가를 받았다. 운하가 정비된 후 항로 라인이 곧게 만들어지고 수면이 넓어지고 물길이 트여 많은 배들이 다니게 되어, 통행하는 바지선은 300톤(최대 500톤)에 이르게 되어 상주 수운교통 조건이 크게 개선되었다.

정비된 운하는 활력으로 충만한 '황금 물길'로서 수운 교통과 상주 항의 유례없는 발전을 촉진시켰고, 양안의 낡은 공장들도 개조하는 계기가 되었다. 국면 제1공장國棉一廠, 양조총공장釀酒總廠, 제5모방직 공장第5毛紡織廠 등의 기업들은 신제품을 개발하며 생산 경영의 새로운 모습을 보여주기도 했다. 새로 건설된 조양삼촌朝陽三村, 청담사촌 清潭四村, 근업삼촌勤業三村 등 7개 철거 안치 단지는 주택이 넓고 시설이 잘 갖춰져 있어서 3천 가구 가량의 주민이 새 집으로 옮겨갔고 주민의 거주환경도 개선되었다. 그러나 이러한 경제 발전은 동시에 운하에 막대한 오염을 초래했고, 대량의 선박 취항과 연안의 경제 건설은 운하의 수질을 점차 악화시켰다. 또한 당시 도시 경제력의 제약 등의 원인으로 경항운하 정비는 기본적으로 원래의 자리에서 준설 확장을 하였기 때문에 일부 구간만 굽은 부분을 직선으로 만들었고, 외곽 지역으로 과감하게 옮겨서 새로 짓는 결정은 하지 않았다. 이후 상주의 도시 건설과 발전은 계속 어려움에 처하게 되었다.[32]

　　2005년 운하 상주의 심각한 오염에 정부가 주목하면서 상주시는 경항운하 상주 구간의 노선을 변경하기로 결정했고 2008년 새 노선이 정식으로 개통되었다. 노선 변경은 운하의 수질을 개선하는 효과는 있었지만, 상술한 바와 같이 당시 운하의 수질은 여전히 심각한 오염을 겪고 있었다. 2013년 3월 28일 시 정부는 「전체 시의 수로 관리 '하장제' 업무 강화에 관한 의견」(상주시 발표[2013] 41호)을 발표하고 성의 간선 수로들을 포함한 50개 수로부터 시작하여 하장을 실시했으며, 각급 행정 요원들이 하장을 맡기 시작했다. 시, 현, 향의 3급 하장제 사무실을 만들고 시와 시 관할(구) 하장제 사무실을 모두 수리부서에 설치했으며 강과 호수 관리 부서와 관리 인원도 설치했다. 촌급 이상의 수로는 모두 관리 보호를 시행하기 시작했고, 엄격한 성과 평가를 실시하면서 매년 4,500위안 이상의 경비를 관리 보호에 투입하였다. 호수, 저수지, 댐 수역에 대한 종합적 관리도 강화하여 운하의 수질 환경이 개선되었고, 2017년 상주시는 하장제를 전면 시행했다. 이러한 각종 정책들로 운하의 수질 상황은 점진적으로 개선되고 있지만, 상주는 여전히 소남운하 중 수질이 가장 나쁜 구간이다. 2018년 4월 강소성 강소성 수문·수자원측정국江蘇水文水資源勘測局에서 강소성 중점수 기능 구간의 수질에 대해 통보한 바에 따르면 상주시의 중점수 기능구의 기준 달성률은 69%이고 전체 기능구의 기준 달성률은 45.2%에 불과했다.

---

32 『新時期常州城市建設史(1978-2015)』.

② 운하의 오염에 대한 선민의 인식과 그 함의

1) 운하 수질 변화에 대한 선민의 감지와 인식

운하 수질 변화의 역사

선민에게 운하는 움직이는 생활 공간이기에, 운하에 대해 선민은 풍부한 시공간적 감각을 가지고 있다. 시간의 흐름에 따라 서술하자면, 운하 물에 대한 선민의 감지感知는 '운하 물을 마시며 자랐다'로부터 시작하여 '물이 석탄보다 검다'로 변한 후 다시 '물이 괜찮다'로 변해 왔다. 오염 측면에서 보면 10년 전 운하 수질 오염이 가장 심했고 최근에는 오염이 개선되고 있다. 1950~70년대 운하의 수질을 알고 있는 선민 중 69%가 당시의 운하 물을 그대로 또는 처리해서 마실 수 있는 물로 기억하고 있었지만, 1980년대에는 선민의 47%만이,

그리고 1990년대에는 19%만이 그렇게 생각하게 되었다. 즉 1980년대 이전에는 운하 대부분 수역의 물이 선민들이 보기에 마실 수 있는 물로 여겨졌던 것이다. 선민들은 "물에 명반을 넣어 좀 가라앉히고서" 밥을 짓거나 물을 끓일 수 있었다고 기억했고, 한 선민은 "수돗물보다 맛있었다"고 강조하기도 했다. 1980년대 이후 운하 물은 점점 "마실 수 없게" 변해갔는데, 맡기 힘든 악취를 풍기게 되었고 일부 지역의 물은 심지어 "젓가락을 던져 넣으니 서 있을" 정도였다. 원래는 그대로 또는 처리해서 마실 수 있는 물이던 운하 물은 1980년대 이후로 마실 수 없는 생활용수 또는 오염수가 되었고, 21세기 초에는 각종 처리와 관리를 하면서 점차 악취가 사라져 "이제는 수원水源이 괜찮다"고 이야기하게 되었다. 그러나 선민들은 운하 물이 1970년대 이전 수준으로 좋아졌다고 느끼진 않기 때문에 운하 물을 마시지는 못한다. 아래에서 수질 분류와 오염에 대한 선민의 이해에 대해 구체적으로 짚어 보겠다.

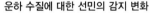

운하 수질에 대한 선민의 감지 변화

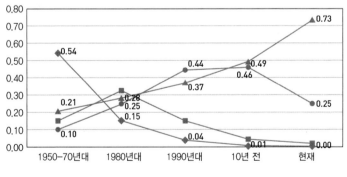

운하 오염원

운하 수질에 대한 관리와 함께 운하 연안의 오염과 배에서 나오는 폐기물도 처리를 하기 시작했다. 설문 결과를 보면 80%의 선민이 운하 오염의 최대 원인을 공업 오염으로 꼽았고, 46%가 도시 폐기물, 11%가 농약 오염을 꼽았으며, 34%는 배 위의 생활 쓰레기를, 19%는 기름 오염물을 꼽았다. 선민의 서술에 따르면 양안에서 운하를 오염시키는 공장들로는 제지공장, 시멘트공장 등이 있고, "국가가 위생환경 관리를 하면서 문 닫은 지 몇 년 되었고" "2000년대 들어서 공장들 이주시킨 지 10여 년 되었다". 항주 구간의 선민에 따르면 배에서 만들어내는 오염물질은 3년 전쯤부터 회수하기 시작했고, 운하 폐기물을 회수하기 전에는 아무도 쓰레기를 거둬가지 않았고 관리도 안 해서 운하에 쓰레기를 다들 그냥 버렸었다. 여기에서 우리는 운하에 대한 정부의 관리가 선민의 행위에 영향을 미치는 현상을 볼 수 있다.

운하의 오염원에 대한 선민의 인식

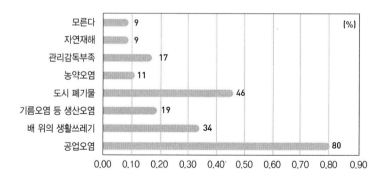

2) 물 관리에 대한 선민의 인식

운하에서 생활하는 선민은 시공간적으로 운하와 가장 가까운 집단 중 하나로서, 아래 그래프를 보면 26%의 선민이 돈 버는 것보다 환경 보호가 더 중요하다고 응답했고 51%의 선민은 두 가지 모두 똑같이 중요하다고 답하여, 약 80%의 선민이 운하 환경 보호의 중요성을 인식하고 있음을 알 수 있다. 인터뷰에서도 소수의 선민만이 자신은 돈버는 데에만 관심있다고 하면서, 환경 보호는 정부의 일이라고 여기거나 현재 시점에선 돈버는 게 더 중요하다고 답했고, 대부분의 선민은 "물이 맑아지는 것은 좋은 일"이고 "언젠가는 운하 물을 다시 마실 수 있게 해야 한다"고 이야기했으며, 돈버는 것과 물 환경 보호 양자 모두 중요하다고 하는 이들도 많았다.

운하 수질 관리 조치에 대한 인식에 있어서 선민들은 자신의 생활 경험과 국가의 담론을 결합시키고 있었다. 배 위의 생활 쓰레기와

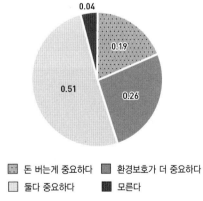

돈벌이와 운하 물환경 보호에 대한 인식

운항에서 발생하는 폐유가 수질 관리의 주요 대상이었는데, 선민들은 대부분 운하 관리 조치와 담론을 받아들이고 있었다. 일부 선민은 원래의 목조선에서 콘크리트배, 그리고 지금의 철선에 이르는 배의 변화 속에서 기계화를 경험하였는데 이러한 기계화 과정은 기름 오염을 발생시켰다. 지금은 육지 생활을 하는 옛 선민은 회고하기를, 1970년대 선박이 기계화되면서 목조선이 콘크리트배로 바뀌었고 80년대 초 철강선으로 바뀌었다고 했다. 2004년은 선민들에게 큰 영향을 미치는 전환점이었는데, 내하 선박 운행에서 배출되는 오염이 심각해지자 「경항운하 선형 표준화 시범공정 행동방안京杭運河船型標准化示範工程行動方案」이 콘크리트배 등을 금지하고 내부 엔진 선실 선박內艙機船舶만 운행할 수 있도록 한 것이다.[33] 선민들은 지금은 배에 있는 기계들이 다 여과 기능이 있고 기름도 회수할 수 있어서, 만일 기름이 여과되지 않고 운하에 버려지면 오염이 되므로 이렇게 여과하여 배에서 오염물질이 안 나가도록 한다고 이야기했다. 기계화 과정에서 기술이 발전하면서 여과 기능이 추가되어, 원래 운하를 오염시키던 폐유를 오염 없이 배출할 수 있게 되었다는 것이다.

선민들은 폐기물 수거에도 점점 익숙해지고 있으며, 과거에는 아무도 관리하는 사람이 없으니 아무렇게나 버렸었다는 이야기를 많이 했다. 배에서 나오는 오염물 외에도 양안의 공업오염 관리에 대해 선민들은 과학기술을 통해 공업폐수를 처리하는 조치를 환영한다고 답했고(52%), 심지어 경제적으로 중징계를 하거나 공장을 직접 폐쇄

---

33 茆曉君, "田野下船民之生存經驗與困境探析", 《世界海運》, 2013(36-11): pp.53-56.

해버리는 조치에도 약 30%의 선민이 동의하였되, 그것이 최우선 선택지라고 여기는 것은 아니었다. 선민들과의 심층 인터뷰에서 우리는 공장 폐쇄 조치에 대한 그들의 생각을 들어보았는데, 대부분의 선민은 공장 폐쇄는 문제를 근본적으로 해결할 수 있는 조치는 아니라고 하고, 운하 정비와 공장 폐쇄가 직접 연관이 있는 건 아니라는 생각을 밝혔다. "환경 오염을 시키지 않는 공장도 있고" "기업들 자율에 맡겨야 하며", 모든 공장의 폐쇄는 "비현실적"이기 때문이며, 경제 발전을 위해 그리고 개인의 생존 생활을 위해 공장이나 기업은 필요하기 때문이라는 것이 선민들의 생각이었다.

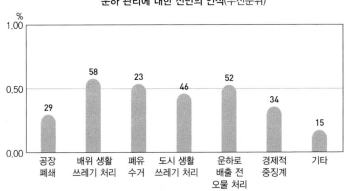

운하 관리에 대한 선민의 인식(우선순위)

3) 운하 물 환경에 대한 선민의 지식 체계

(1) 운하 물 환경의 악화 요인

① 자연적 요인

운하 물 환경의 수질 악화에 대한 분석은 대부분 인공적 요인에 집중되어 이뤄지는 데 반해 선민들 중에는 자연적 요인을 지적하는 이들이 있었다. 어떤 선민은 항주 구간의 전강錢江이 조류가 거세서 물이 지저분해진다고 주장하기도 했고, 또 어떤 선민은 항주 구간 운하의 항도가 얕아서 "물이 더러워지는 건 어쩔 수 없는 일"이라고 하면서 수심이 깊은 지역에서는 물밑의 돌이 여과 기능을 한다고 주장하기도 했다.

② 인공적 요인

선민들은 배 위에서 살아가므로 배가 물에 미치는 영향에 대해 비교적 자세히 알고 있지만 나름대로 다양한 의견을 가지고 있었다. 예를 들어 배가 수질에 미치는 영향은 크지 않다고 여기는 선민도 있는 반면 영향이 크다고 여기는 선민도 있었다. 배가 수질에 영향을 미치지 않는다고 여기는 선민 중 어떤 이는 배에서 내보내는 생활 폐수, 예를 들어 그릇이나 채소를 씻은 물은 폐수가 아니라 "영양가가 있으므로" 운하 수질에 나쁜 영향을 미치지 않는다고 주장했다. 어떤 선민은 배에서 내보내는 생활 쓰레기(휴지 등)는 모두 "운하가 충분히 소화할 수 있는 쓰레기"라고 했고, 이제 육지 생활을 하고 있는 옛 선민 중에선 예전에 바구니를 들고 다니며 장을 봤기 때문에 고체 쓰레기가 없었다고 주장하거나, 채소 잎사귀 같은 주방 쓰레기나 분뇨는 모두 물고기가 먹을 수 있는 것이어서 괜찮다고 주장하거나, "예전에 선민들이 대소변은 운하에 있는 분수룡分水龍이 소화하니까 버려도 된다고 했다"고 주장하는 이들도 있었다. 또 어떤 이들은, 배에 싣는 화물은 액체도 아니고, 짐을 내리는 것도 옆에다가 하기 때문에 기름만 회수하면 운하 수질에 영향을 줄 일이 없다고 하였다. 이처럼 배가 물에 나쁜 영향을 주지 않는다고 생각하는 선민들은 운하 오염에서 중요한 요소는 기름 오염과 배의 수량과 크기라고 여기고 있었다.

한 선운회사의 선민이었다가 지금은 육지에서 생활하는 이는, 운하 수질이 나빠진 것은 기계화 이후라고 하면서 배에서 내보내는 폐유가 "가끔 갑자기 물로 들어갈 때가 있다"고 했고, 또 어떤 선민은 "부두 곳곳에 다 기름오염이 있고" 이런 기름 오염물질들이 강으로 들어간다고 했다. 어떤 선민은 배의 유입이 많아졌으니 물이 "깨끗해질 도리가 없다"고 했고, 배와 사람이 적은 장강 상류 지역은 하류에 비해 물이 맑은 편이라고 하면서 "운송업이 활발해지면 물은 영원히 좋아질 수가 없다"고 하는 선민들도 있었다. "다들 과거로 돌아간다면 물이 맑아지겠지"라는 한 선민의 말처럼, 배의 수량과 수질의 상관관계에 대한 인식을 보여주는 선민이 많았다. 또 어떤 선민은 배의 톤수 변화와 수질 사이에 관계가 있다고 하면서 예전엔 배가 작아 4~50톤, 커봤자 100톤이던 시대엔 물이 괜찮았다고 했다. 배가 커지고 많아져서 운하 물 환경에 영향을 미치는 건 어쩔 수 없다는 것이었다. 수질에 대한 영향 외에도 배는 하도河道와 연안에도 영향을 미치는데, 배의 톤 단위가 커지고 기계화되면서 프로펠러가 회전하며 바닥의 흙을 휘저어 흙을 밖으로 가지고 나가니 하도가 더 깊어지고 양쪽 연안이 무너져 내리기 때문에 둑은 점차 시멘트로 바뀌었다.

선민들이 보기에 배의 영향 외에도 양안의 생산과 생활은 운하의 수질을 악화시키는 주된 요인이었다. 설문조사에서 드러나듯 우리가 인터뷰한 대부분의 선민은 공업 폐기물과 도시 폐기물을 주된 오염

요인으로 지적했다. 지금도 뱃일을 하는 선민들과 달리 이제 육지생활을 하는 옛 선민들은 구체적으로 공장들을 기억하고 있었는데, 예를 들어 강소 장저張渚의 제지공장, 시멘트공장, 발전소, 석회공장, 제철소와 화학비료공장, 화학공장 등을 언급하기도 했고 광산을 언급하는 이도 있었다. 생활과 생산에서 배출되는 폐수는 하수도를 타고 운하로 흘러가게 되는데, 어느 옛 선민은 하수도를 통해 운하로 흘러가는 물이 온통 흑색이었다고 회고하였다. "발달한 지역일수록 물 오염이 심할 수밖에 없다"는 한 선민의 말처럼, 선민들은 이러한 오염이 '국가의 발전'과 연결되는 것이라는 인식을 보여주었다. 선민들은 농촌의 생산·생활 오염을 지적하면서 "죽은 닭과 오리, 돼지"를 직접 목격했다고 이야기했다. 경제발전으로 생활방식이 변화하면서 오염이 야기되기도 하는데, 예전엔 농민들이 분변을 비료로 활용하기 위해 필요로 했지만 이젠 "아무도 분변이 필요하지 않으니 다들 운하에 버린다"는 것이었다. "이제 생활 여건이 좋아지고 생활 리듬이 빨라지니 생활 쓰레기가 많아졌다"는 말이 보여주듯, 선민들은 쓰레기의 배출로 인한 오염이 어느 정도 현대적 생활방식에서 불가피하다고 여기는 경향이 있었다. 또한 선민들은 상류 또는 고지대 구간의 오염물질이 하류에 미치는 영향도 강조했는데 장저 구간의 운하와 태호가 그 예로서, 선민들은 장저의 오염된 물이 태호로 흘러들어가 태호 물이 '맑다'는 말이 이제 '거짓말'이 되어버렸다고 이야기했다. 소위 '치수治水'라는 것은 선민들이 보기에 '상류의 더러운 물과 쓰레기가 하류로 흘러들어가는 것'이요 '더러운 물이 전당강으로 흘러들어가는 것'이다.

(2) 수질에 대한 판단

수질의 등급 구분과 오염에 대한 선민의 이해는 '과학적' 시각에서의 분류와 다른 나름의 이해방식에 기반하고 있다. 수질에 대한 선민의 구분은 '깨끗하다'와 '더럽다'의 두 종류로 나뉘며 '깨끗하다'는 다시 '마실 수 있다'와 '마실 수 없다'로 구분된다. 어떤 선민은 '물이 깨끗해도 마실 수는 없다'고 했고, 어떤 이는 '마실 수 있으면 깨끗한 것'이라고 했다. 어떤 물은 깨끗함과 더러움의 사이에 위치하는데, 예를 들어 한 선민은 수질에 대해 이렇게 이야기했다: "침전물이 내려가면 깨끗한 물이 된다. 그걸 그냥 마시면 좀 더럽다는 느낌이 들고 물병에 담아 끓여도 더럽다고 느껴지지만 마실 수 있는 물에 가까우니까 좀 더 처리해서 마실 수 있다. 그러니까 이런 물은 더러운 물은 아니고 '흐릿한潭' 물이다". 이렇게 '흐릿하다'고 묘사되는 류의 물은 처리 후엔 마실 수 있는 물로 여겨진다. 또 다른 선민도 이와 유사한 관점에서 "강물은 흐르니까 침전물이 있긴 해도 수질은 좋다"고 했다. 수질의 변화는 '흐릿한' 물을 오염수로 변화시키기도 하는데, 선민들이 보기에 오염수는 '화학공업'과 관련된 것이고 '오염원소'가 있는 것이다. 이는 곧 현대 과학의 시각에서 나온 수질 오염에 대한 포괄적 인식으로서, 이런 오염 원소는 현대화 발전 과정에서 나오는 것이다. 이들은 수질 관리가 "수질을 점점 좋아지게 만들긴" 하지만 그래도 "더러운 건 더러운 것"이라고 하기도 했다. 오염에 대한 선민의 인식은 물에 대한 나름의 이해와 과학적 용어에 대한 이해를 결합시키는 방식으로 이뤄지고 있었다.

선민들은 운하에서 살아가기에 물 환경의 악화 과정을 몸소 겪어왔고, 수질에 대해 판단하는 자기 나름의 표현법을 가지고 있었다. 이제 육지에서 생활하는 옛 선민들은 과거에 배를 집으로 삼아 살면서 먹고 마시고 쓰레기 버리기를 모두 물 위에서 해결했다고 말하며 "그 땐 그래도 물이 맑았다"고 했다. 이런 옛 선민 중 한 명은 어릴 때 "새우를 직접 잡아서 먹곤 할 정도로 물이 맑았다"고 했고, 또 다른 선민은 화물을 실으러 갈 때 어떤 아이가 호수로 떨어지는 걸 봤는데 운하 바닥까지 보였었기에 장대 갈고리로 아이의 옷을 걸어서 끌어내 구했던 아찔한 기억을 우리에게 들려주었는데, 이런 이야기들은 1950~60년대 운하가 상당히 맑았음을 보여준다. 현재는 물의 청탁도 외에도 수질 악화로 인한 냄새와 색깔, 생물과 고체폐기물 등이 모두 수질 환경에 대한 선민의 판단과 설명에서 근거로 활용된다. 강소 장저의 수질 변화를 묘사할 때 선민들은 "그건 완전히 시꺼

먼 도랑이다. 황색이 아니고 완전히 시꺼멓다"고 했고, 최근에 수질이 좋아지긴 했지만 "운하에 사는 물고기들은 먹을 수가 없다. 먹으면 입에서 이상한 맛이 느껴진다"고 하거나, 물 위에 부레옥잠과 거품이 있다고도 했고, 또 제지 공장 근처에는 "냄새가 나고 붉은 거품이 떠다니고 악취가 심하다"고 묘사하기도 했다.

지금도 뱃생활을 하는 선민들은 수질에 대한 판단 뿐 아니라 물의 활용방식도 변화를 겪고 있다. 예를 들어 어떤 선민은 예전에 운하 항주 구간이 "물은 간장처럼 시꺼멓고 냄새가 심해서 걸레도 빨기 힘들 정도였다"고 했고, 다른 선민은 "지금도 운하에 진흙이 너무 많아서 옷도 빨 수 없고 운하 물로 배 청소도 할 수가 없다. 운하 물로 배를 청소하면 깨끗한 배도 더러워진다"고 이야기했다. 우리 연구진이 "운하 물로 세탁을 하거나 꽃에 물은 줄 수 있나?"라고 묻자 한 선민은 "꽃에 물을 줄 수는 있지만 빨래는 못 한다"고 했고, 우리가 "이 물은 이미 5급수. 5급수는 물주는 용도로 쓸 수 있다"고 하자 다른 선민은 "이 물로 빨래도 할 수 있고 야채나 쌀 씻는 것도 가능하다"고 했다. 어느 선민은 예전에는 물이 더러워서 야채를 씻을 수 없었지만 이제는 "운하 물로 한 번 씻고 나서 깨끗한 물로 한 번 더 씻으면 된다"고 답했고, 다른 이는 "비가 오면 지금 운하 물로 빨래도 할 수 있다"고 했다. 이들이 보기에 운하 환경은 오염의 문제만이 아니라 자신의 생활방식과 직결되는 문제이기도 했다.

배를 집으로 삼는 선민은 오랫동안 물 위를 오가며 강과 호수의 물을 필수적으로 사용하면서 하천별 수질 상황에 대해서도 나름의 판단을 분명하게 하고 있었다. 육지생활을 한 지 오래 된 옛 선민들의 기억 속에서 무석, 상주, 상해 등의 대도시들 물은 모두 마실 수 없는 물이었고, 어떤 이는 "상해 물 말고 다른 지역 물은 다 좋았다"
고 하기도 했으며, 다른 이는 "장강 물은 이용할 수 있었는데 내하
물은 쓸 수가 없었다"고 했다. 이러한 서술은 20세기 수질의 지속적
악화가 도시의 발전과 연관되어 왔음을 보여준다. 지금도 운하를 오
가는 선민들의 구술에 따르면, 강북, 강남 운하와 산동 구간 중 강남
운하의 수질이 가장 나쁜데 "소북에 이르면 거기 물은 마실 수 있
다"거나 "여기 물은 산동보다 못하다. 진흙이 너무 많다"고 했다.
절강 수계에서는 선민들이 "항주 주변 물은 안 좋다"고 지적하면서
부양富陽과 동려桐廬 물은 좋다고 했다. 항주 구간의 경우 "전당강
부근 물이 가장 좋다", "삼보갑문 물은 내가 지난 3년간 배를 타면서
본 제일 맑은 물"이라는 이야기를 하였다. 과거에는 선민들이 주로
강과 운하에서 물을 떠서 사용했기에 수질에 대한 판단 기준은 마실
수 있는지 그리고 생활에서 사용할 수 있는 지였다. 현재는 생활방식

이 바뀌어 선민들이 먹는 물은 기본적으로 다른 수원水源에서 얻고
있기 때문에, 운하 수질에 대한 판단 역시 자신이 마실 수 있느냐를
기준으로 삼기보다 묘사적 판단 위주로 바뀌어 '좋다'거나 '깨끗하
다·맑다' 등의 표현을 주로 사용하고 있었다. 이는 선민과 물 환경
사이의 친밀도가 과거에 비해 차이가 있음을 반영하는 것이라 분석
할 수 있다.

(3) 물 처리

운하에서 선민과 물은 공생하며, 배에서 배출하거나 물에 버리는
폐기물은 유형에 따라 처리방식이 다양하다. 선민은 어민과 다른데
어민은 마름이나 돼지풀을 통해 수질을 개선시키며 일종의 생태권
을 형성하지만, 선민은 1980년대 수질오염 전에는 운하로부터 물을
공급받아 살았고, 10년 전에는 수질 좋은 운하 구역에서는 "물독을
이용"하거나 "직접 운하에서 물을 떠서" 명반으로 침전시켜 건져내
"물이 맑게 변하면 가열해서 마시"기도 하였다. 그런데 명반의 사용
은 언제까지 거슬러 올라가는 걸까? 그리고 운하 수질에 대한 선민
의 영향에는 어떤 행위가 있었는지 좀 더 심층 인터뷰가 필요하다.
또 일부 선민이 양안의 오염에 대해 관심을 표시하긴 했지만, 선민과
육지의 교섭이 있었는지, 언제 어떤 방식으로 언제 있었으며 이런
방식은 어떻게 흥망성쇠 해왔는지에 대한 역사적 고찰과 현장조사
가 필요하다고 우리는 판단하였다. 예를 들어 19세기 말 20세기 초
항주 운하 부근에서 민족공업이 발전을 시작할 때 운하 환경에 어떤
영향을 미쳤으며 선민은 항주 구간의 운하에서 이런 상황에 대해

어떤 반응을 보였는가? 해방 후 뿐 아니라 20세기 전반기의 수질 환경과 선민의 대응에 대해 향후 한걸음 더 나아간 고찰이 필요할 것이다.

배에서 나오는 폐기물의 처리는 크게 두 가지로 나눌 수 있다. 생활 쓰레기는 주로 고체 폐기물 위주로서, 기름 오염물도 있고 생활 오수도 포함된다. 이제 육지에서 생활하는 옛 선민의 기억에 따르면, 자신은 집단화 시기에 공청단共青團에 가입했었고 선진적 사상을 가진 사람이라서 면포를 사서 물 속 수초와 야채병들을 건져냈다고 한다. 또한 그에 따르면 과거에는 항상 쓰레기통을 배 안에 가지고 있으면서 쓰레기통을 폐기물마다 분류해 놓아야 항운 허가를 통과할 수 있었고, "배에는 규정이 있어서 선상의 화물은 내리고 돌은 남겨두며 운하에 버리면 안 되고 위반하면 벌금을 물었다". 운하 항주 구간에서 배를 타는 선민들이 쓰레기 처리를 하게 된 것은 3년 전으로 거슬러 올라간다. 선민들은 폐기물을 포대에 싣고 폐기물 수거 배를 기다려 확인 도장을 받았으며, 기슭 선착장의 쓰레기 모으는 곳에 이르러서야 쓰레기를 버릴 수 있었다. 따라서 선민들 집에는 기본적으로 휴지통을 가지고 있었고, 선민들은 만약 선박이 규칙을 준수했는지 여부를 보려면 휴지통과 쓰레기 포대가 있는지를 검사하면 된다는 이야기를 공통적으로 했다. 쓰레기를 수거하는 배의 빈도에 대해선 어떤 이는 "대체로 2~3일에 한 번 온다"고 했고 또 어떤 이는 "가끔 작은 배가 와서 생활 쓰레기를 수거해 간다"고 모호하게 답했다.

정부가 쓰레기 수거와 폐유 회수 관련 규정을 만들기 전까지는 대부분의 선민이 운하에 폐기물을 그대로 버렸었지만, 한 선민은 "예전에 우리는 배에서 쓰레기를 물에 버리면서, 이렇게 계속 버리면 물에 쓰레기가 꽉 차서 더 이상 물에 버리면 안 되는 날이 오지 않을까 생각했었다"고 이야기하여, 쓰레기를 운하에 버리던 시절에도 어느 정도의 우려를 품고 있었음을 보여주었다. 선민들은 정부의 수자원 환경관리 정책의 영향을 받되, 운하 환경에 대한 감지와 인식 그리고 행위방식은 선민마다 차이가 있는 바, 예를 들어 무엇이 선상 쓰레기라고 감지하는지, 그 쓰레기를 어떻게 처리했는지에 대한 역사적 변화와 그 원인 및 선민별 차이에 대해 심도있는 연구가 향후 필요할 것이다.

1950년대 전개되었던 애국위생운동은 배 위의 분뇨를 처리했는데, 지금은 육지에서 생활하는 옛 선민의 구술에 따르면:

> 1950년대 중반에 국가에서 이런 일을 아주 잘 했다. 아마 당신은 이런 상황을 잘 모를 거다. 1950 몇 년에 국가 위생공작이 아주 잘 되었는데, 우리 대소변이랑 요강은 장저에 도착하면 장저 항구에서 전문 수거하는 작은 배가 와서 회수해 갔다. 가져가면서 확인도장도 찍는다. 내가 당신 대소변 가져간다고 도장 찍는 거다. 장저 항구에서만 그런 게 아니고 무석, 소주, 상해에서도 다 그랬다. 이 도장 없으면 항행을 할 수가 없었다. 어딜 가든 항구 도착할 때마다 항구에 보고하게 했는데, 우리 배는 상해로 해서 장저로 가야 했는데, 이 대소변 도장 없으면 다닐 수가 없었다. 정책이 아주 좋아서, 수거해간 대소변은 농촌 대대로 보내서 농민들에게 줘서 비료로 사용하게 했다. 나중에는 이런 게 없어졌고 아무도 대소변을 수거하지 않게 되었다.

1970년대 중후반부터 1990년대 중반까지 이런 분뇨 수거운동은 거의 아무도 관리하지 않았다고 선민들은 회고하였다. 배의 유형도 변하여 목조선에서 콘크리트 배로, 다시 기계선으로 바뀌어 새로운 오염원인 폐유가 발생하게 되었다. 어떤 이들은 배에서 나오는 폐기물 수거를 생업으로 삼기도 했는데, 다른 배에서 나오는 폐기물을 모아서 다시 팔아넘겨 약간의 수입을 얻는 것이다. 옛 선민들의 이야기에 따르면 그들도 명반을 이용해 폐유를 처리했었다. 지금도 배를 타는 선민들은 기름 오염을 "여기저기서 다 추출하는데 몇 달에 한 번씩 빼낸다"고 했고, 어떤 선민은 기름 오염 처리는 반드시 항주에 가서 하는데 그렇게 하면 작은 선물을 받기도 하고, 또 "다른 곳에서 했다가 항주에서 인정을 못 받으면 안 되기 때문"이라고 증언했다. 선민들은 망가진 엔진의 처리에 대해 "종이로 닦으면 전부 다 기름이고 쓰레기 포대에 담아 항구에 도착하면 버린다"고 했다. 그 외에도 오수 처리에 대해 옛 선민들에게 이야기를 들어보면, 설거지나 배 청소하는 물은 직접 운하에 버렸지만 오염물질이 묻은 방수포를 씻을 때는 "연안에 구덩이를 파고 묻어서 운하로 흘러 들어가는 걸 막았고", 다만 "도덕적 각오가 부족한 사람들은 귀찮아하면서 몰래 운하에 방수포를 버리는 경우도 있었다"고 하였다.

지금도 배 안에 오수처리 장치가 있지만, 일부 선민은 "이건 보여주기용일 뿐 기능이 떨어져서 쓸모가 없어서 안 쓴다"고 하면서, 운하로 흘러드는 오수 처리를 해야 하는지에 대해 명확한 인식을 가지고 있지 않았다. 우리는 인터뷰를 하면서 폐기물 처리와 마찬가지로 물 환경에 대한 선민의 감지와 행위의 다양성을 볼 수 있었고, 기계선 내 기관실 폐유와 폐수 처리와 배에서 배출하는 생활 쓰레기 처리에 대해서는 앞으로 좀 더 구체적이고 깊이있는 현장 관찰기록이 필요할 것으로 여겨진다. 예를 들어 배에서 배출하는 생활 생산 폐수 처리와 도시 농촌이 생산하는 생활 폐수에 대한 인식의 차이, 그리고 폐기물을 수거하는 선박 등에 대해서도 심화된 연구가 필요하며, 그 속에서 우리는 역사적 연속성과 변화를 고찰해야 할 것이다.

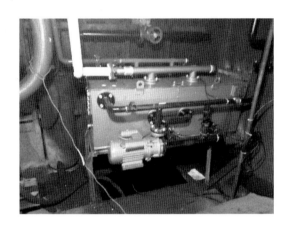

4) 운하 수질오염: 선민의 감지와 과학적 담론의 차이

운하 수질 변화에 대한 선민의 감지와 과학적 연구 보고를 대비해 보면 양자의 추이가 대체로 서로 일치하는 것을 알 수 있었다. 『운하 항주 구간의 환경상황 분석과 대책 건의』[34]에 따르면 1950~70년대만 해도 항주 구간의 운하 물은 마실 수 있었고, 연안 주민의 생산 생활 용수도 모두 운하에서 떠서 사용했다. 그러나 운하에는 이미 공업 폐수와 생활 오수가 흘러들기 시작했고 점점 자정능력을 초과하는

---

34 『運河杭州段的環境狀況分析與對策建議』, 浙江大學, 2001.

수준이 되어, 1980년대 운하 수질은 "전체적으로 5등급 아래"였다. 운하 절강 구간 오염상황에 대한 보고서(1982)와 운하 물 환경 망간 함량에 대한 보고서(1987)는 80년대 운하 항주 구간의 오염이 심각했음을 보여준다.[35] 이 시기는 운하 물의 변화에 대해 선민이 감지하기 시작한 것과도 일치하는데, 운하 물을 "마실 수 있다"고 보는 인식은 이 시기에 급격히 하락하였다. 2000년대 초반 운하 보호 조치들이 전개되면서 운하의 생태 기능이 점차 회복되자,[36] 물에 대한 선민의 감지에서도 이 시기에 변화가 나타나, 운하를 마실 수 있다고 여길 정도로 회복된 건 아니지만 10년 전의 정점에 비해서는 오염 정도가 감소한다고 느끼고 있었다. 그러나 이러한 과학적·객관적 요인과 선민의 감지 인식을 대비해 보는 우리의 분석에 어느 정도 한계가 있는 점은 부인할 수 없다. 예를 들어 운하 수질에 대한 선민의 묘사는 종종 전체적으로 개괄해서 말하는 것일 때가 많으며, 특정 운하 지역의 수질이 마실 수 있을 만큼 좋은지를 분명하게 구분할 수 있는 선민들이 있기는 하지만 설문에서 구체적인 구간을 제시하지는 못할 때가 많았다. 또 과학적 측정 데이터는 엄격하긴 하지만 횡단면을 측정할 때 종종 서로 다른 지점에서 측정하여 수질 상황을 설명할 때도 있다.

운하의 수질 변화에 대해 선민들은 좀 더 구체적인 삶의 감각으로 그 변화를 이해하고 있었다. 과거 운하 물을 마실 수 있던 시절에는

35 『運河水系浙江段汚染情況』, 1982; 『運河(杭州段)水介質環境對鐵錳含量的 控制作用』, 浙江大學, 1987.
36 『運河(杭州段)功能的歷史變遷及其對杭州城市發展的作用』, 浙江大學, 2001.

먹고 마시고 생활하는 모든 것이 운하에서 이뤄졌던 반면 지금은 운하에서 목욕도 할 수 없는 상황이다. 그렇지만 선민의 입장에서 운하 물은 일상생활에서 쓸모가 많은데, 야채와 쌀을 씻고 밥을 지을 수 있으며 옷을 빨거나 걸레를 빨고 배를 청소하는 데 쓸 수 있다. 배에서 화초를 키우는 선민의 경우 운하 물을 이용해 물을 준다. 299건의 선민 설문조사에 따르면 196명(65.6%)의 선민이 배에서 식물을 키우는 것이 '무료한' 뱃생활에 활력소가 된다고 답했고, 무언가를 하는 것이 '감정적으로도 좋다'고 답했다. 운하 수질 상태에 대해 선민들은 물의 사용처를 분류하고 있었는데, 앞에서도 언급했듯이 "운하 물을 빨래나 꽃에 물주는 데 사용할 수 있나?"라고 질문을 던졌을 때 어떤 선민은 "물주는 건 가능하지만 빨래는 안 된다"고 답했다. 이들에 따르면 어떤 물은 "오염되어서가 아니라 운하가 얕기 때문에", "진흙이 너무 많아서 옷을 빨 수 없고 배를 씻을 수도 없다"는 것이었다. 그러나 운하 물이 5급수로서 관개용으로 쓸 수 있다고 우리 연구진이 이야기해주면 선민들은 "빨래나 채소나 쌀 씻기에 다 쓸 수 있다"고 답하기도 했다. 삼보갑문 개통 관련해서는 삼보구문三堡口門이 끌어오는 물과 같은 치수 공정이 물 환경에 미치는 영향에 대해 선민들은 다양한 해석을 하였는데, 일부 선민은 더러운 물이 전당강으로 흘러 들어가게 되어 오염이 없어진다기보다 다른 곳으로 옮겨가게 만드는 조치일 뿐이라고 지적하기도 했다.

이처럼 구체적 삶의 감각으로 수질 변화를 인지하는 선민에 비해, 운하에 대해 분석하는 과학적·객관적 연구들에서는 추상적이고 거시적인 용어와 담론으로 분석을 제시한다. 예를 들어 운하의 변화 속 다양한 기능의 흥망성쇠에 대한 분석에 따르면, 항운航運·수리水利·오염물질 수용納汗 기능은 약해졌지만 경관·생태·문화 등의 기능은 강화되어 왔다.[37] 또한 운하 오염원과 오염 통제에 대한 이해에 관한 과학적 담론은 더욱 추상적인 경우가 많은데,『운하 항주 구간의 환경 상황 분석과 대책 건의』에서는 운하 환경 상황의 발생 원인을 거시적인 경제·체제·인구·지리적 요인으로 분석하면서 운하 오염이 날로 심해지고 극복하기 어려운 이유를 제시하고자 했다. 『운하(항주 구간) 환경 수문 특성에 대한 탐구』[38]에서도 운하 항주 구간의 수문 특징 중 하나로 산류방식產流方式과 산류량產流量도 오염물질의 확산과 이동 및 정화에 영향을 미칠 수 있다고 지적했다.『운하(항주 구간) 수 매질 환경의 망간 함량에 대한 제어 작용』[39]에서는 좀 더 추상적인 전문용어로 수온을 포함한 수 매질 환경이 운하 오염 원소의 상태에 미치는 영향을 탐구하였다. 이에 반해 선민들은 부레옥잠을 보고 수질상태를 판단하거나, 물속 수초 오물, 죽은 닭과 오리와 돼지, 유리 위로 보이는 흰 점 등을 통해 수질에 대한 나름의 판단을 하고 있었다. 과학적 담론과 선민의 판단 사이의 차이는 용어의 분절을 낳게 될까? 선민들은 과학적 용어가 운하 환경 오염에 대한 자신들의 관리와 자주성에 영향을 미친다고 생각하고 있을까? 이 문제들 역시 이후 지속적으로 연구될 만한 가치가 있을 것이다.

---

37 『運河(杭州段)功能的歷史變遷及其對杭州城市發展的作用』, 浙江大學, 2001.
38 『運河(杭州段)環境水文特性的探討』, 浙江省水文總站, 1986.
39 『運河杭州段的環境狀況分析與對策建議』, 浙江大學, 2001.

③ 정부의 물 환경 관리행위에 대한 선민의 반응

운하 보호 관련 정책에 대한 선민의 이해

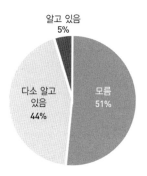

알고 있음
5%

다소 알고
있음
44%

모름
51%

　앞에 서술했듯 대부분의 선민은 정부가 통항 선박 쓰레기와 폐유 처리에 대해 취하는 정책들을 이해하고 받아들이고 있다. 다만 위 그래프에서 나타나듯 선민들은 운하 보호 관련 정책에 대해 잘 알지 못한다고 답하는 이들이 많았고 '알고 있다'고 답하는 이는 5%에 불과했으며, 절반은 아예 모른다고 답했다. 앞에서 이야기하였듯 선민은 삼보갑문 개통과 오수공치가 수질을 개선한다는 인식은 하고 있었지만 이것이 오염을 없애는 게 아니라 오염을 다른 곳으로 옮기는 것 아니냐는 의심을 품기도 했다. 이렇듯 운송 관련 정책에 대해 정확한 지식이 공유되지 않기 때문에, 예를 들어 선박이 갑문을 통과할 때 석탄과 위험물품 등을 운송하는 배가 우선적으로 통과할 수 있는데 대해서도 선민들은 이유를 알지 못하고 있었다. 이러한 상황의 원인은 한편으로는 정부와 선민의 관계가 종종 일방적인 관리와 관리대상의 관계에 놓여서 충분한 교류가 부족하기 때문에 정부 정책의 배경과 원인과 세부 조치를 선민이 정확히 알기 어려운 데서 오는 것으로서, 일련의 불확정성과 오해를 야기하곤 한다. 우리는 정부의 운하 관리 조치에 대해 선민들이 어떻게 이해하고 있는지에 대해 좀 더 전면적으로 알아보고자 했고, 이는 수질 환경에 대해 선민이 어떻게 감지하고 행동하는지와도 관련된다고 보았다.

1) 내하 선박 운항 오염 관리

「중국 내부하천 수역 환경에 대한 선박의 오염 방지 관리규정中華人民共和國防治船舶汚染內河水域環境管理規定」, 「중국 선박안전 감독규칙中華人民共和國船舶安全監督規則」, 「중국 내하 선박선원 당직규칙中華人民共和國內河船舶船員值班規則」, 「절강성 선박 배출통제구역 실시에 관한 통고關於浙江省實施船舶排放控制區的通告」, 「선박 오염과 선박 위험화물 적재행위 신고 장려방법船舶汚染和船舶載運危險貨物違法行爲擧報獎勵辦法」 등의 법률법규에서는 선박 운항과 관련되는 오염을 수질 환경 오염, 대기 및 소음 오염으로 분류하고 오염유형별로 상응하는 선박 조작과 관리 방법을 규정했는데, 주로 선상 설비와 관련 증빙서류 구비, 오염방지에 대해 선민이 전문 지식을 갖출 것, 오염물질 수집과 배출 그리고 관련 기록과 폐기물 종류에 대한 기록 등에 대한 내용이다. 또한 시정과 벌금조치 그리고 적발을 장려하는 협동감독 조치 등 관련 법적 책임도 규정되었다.

선박 생활폐기물 관리에 대해서는 100톤 이상의 선박은 반드시 「선박폐기물 관리계획船舶垃圾管理計劃」 그리고 해사海事 관리기구가 확인한 '선박 폐기물 기록부船舶垃圾記錄簿'를 갖고 있어야 하고 기록을 보존해야 한다(사진 참조). 선박은 내하 수역에서 선박 쓰레기를 내보내는 것이 금지되며, 반드시 덮개가 있고 누출되거나 외부로 흘러내리지 않는 쓰레기 저장 용기나 포장을 갖춰야 하고, 쓰레기에 대해 분류·수집·보관을 실시해야 한다. 또한 쓰레기를 처리하는 항구의 접수시설이나 선박 오염물 접수 단위에 있는 동안 유독 유해물질 등 위험한 성분의 쓰레기에 대해서는 반드시 신고해야 한다. 생산 폐기물 관리에 대해서 선박은 양호한 기술상태를 유지해야 하고, 선박이 내하 수역 환경오염을 방지한다는 걸 증명하는 증서와 문서를 갖춰야 한다. 또한 선민은 전문적 훈련을 받아야 하고 유효한 합격증서를 가져야 하며 선박 오염을 방지할 수 있는 전문적 지식과 기술을 갖춰야 한다. 선박이 규정을 위반하여 내하 수역에 오염물질을 배출했을 경우, 배출 규정에 부합하지 않는 선박 오염물질은 반드시 항구, 부두, 운송지점 혹은 처리능력이 있는 단위(부서)에서 처리해야 한다. 그 과정에서 선박이 내하 수체에 유독성 액체물질이나 그 첨가

선박 폐기물 기록부

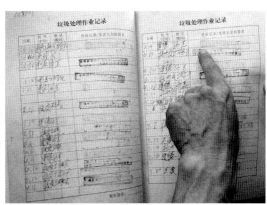

선박 폐기물 기록부 내용

물 또는 그런 물질을 담은 탱크나 기타 혼합물을 배출하는 것은 금지되며, 내하 수역에서 소각로와 기름유출분 가루약 사용도 금지된다.

400톤 이상의 비非유조선은 반드시 해사 관리기구가 발행한 '유류기록부油類記錄簿'를 사실대로 규범에 맞게 기록하여 3년간 보관해야 한다. 또한 접수를 마친 후 반드시 오염물 접수처리 증빙서류를 발급받아서 선박 측에서 서명하여 확인한 후 그것을 보존해둬야 한다(사진 참조).「해사국이 승인한 기름 제거제 제품 목록」은 기름 제거제 제품에 대해 엄격하게 규정하고 있다. 또한 선박의 오염사고 발생시 즉각 해사 관리기구에 보고하고 오염사고에 대한 비상계획이나 절차를 밟아 오염을 억제하고 제거하는 조치를 취해야 한다. '선박 오염사고 보고서'에 들어가야 할 내용으로는 (1) 선박의 명칭, 국적, 번호 또는 편호, (2) 선박 소유주와 경영자 또는 관리자의 이름과 주소, (3) 선박사고 발생시간과 장소 그리고 당시의 기상과 수문 상황, (4) 사고원인 또는 사고원인에 대한 초보적 판단, (5) 선박 오염물질의 종류, 수량, 적재 위치 등의 개황, (6) 선박 오염사고의 상황, (7) 선박사고의 응급조치상황, (7) 선박사고의 오염 손해 책임보험 상황 등이 있다.

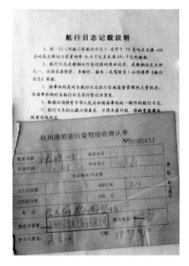

오염물 수거 접수증

오염물 수거 관련 서류들이 들어있는 가방

2) 선민의 반응

우리는 선민들과 인터뷰하면서 운하 물 환경관리 조치들에 대한 선민들의 이해를 조사해보았는데, 조치 자체에 대해서 이해하고 있다고 답한 선민들의 경우에도 그 효과에 대한 인식은 다 달랐고 그 조치에 대한 행동 역시 다양하다는 것을 발견할 수 있었다. 과반수의 선민은 운하 물 환경관리 조치로 '배에서 내보내는 생활 폐기물 수거'를 꼽았고 이런 조치에 대해 대부분이 인지하고 있었다. 일부 선민은 이런 조치를 잘 모르면서도 이와 같은 오염을 방지하는 규정과 제도를 거의 따르고 있었다. 운하 항주 구간 수역에 대한 환경관리의 효과에 대해 절반에 달하는 선민은 현재의 수질이 여전히 나쁘다고 인식하고 있었고, 그들이 보기에 정부의 운하 관리는 양안의 오염원에 대한 영향력이 제한적이기에 "정부는 배 오염만 관리할 뿐이지 육지는 전혀 관리하지 못한다"고 지적하기도 했다. 어떤 선민은 운하 수질은 좋아졌지만 전당강 물을 통과하면 다시 더러운 물로 변한다고 하기도 했다.

환경 관리와 관련되는 행위에 대해 선민들은 서로 다른 태도를 보여줬는데, 절반 가량의 선민이 관리조치를 받아들여 따르고 있었다. 예를 들어 쓰레기 수거 배가 쓰레기를 수거해 가며 도장을 찍는 것에 대해 선민들은 개인의 환경 보호 취지를 관철시키는 조치라고 생각한다고 답했고, 항주 구간 운하 관리정책에 대해서도 상당히 지지하는 입장을 보여주었다. 일부 선민은 기름 오염도 항주에 와서 처리하기를 택했는데 그 이유는 공짜로 처리할 수 있고 소정의 사은품도 있기 때문이었다. 절반 가량의 선민은 정부의 규정과 제도를 따르고 있었고, 일부 선민들은 이런 정부의 운하 관리 조치에 따르는 행위가 스스로도 편리하다고 답했는데, 쓰레기와 폐유 회수가 바로 이렇게 선민들이 편리함을 느끼는 대표적 사례였다. 환경 관리에 찬성하는 선민들 중 정부의 관리방식에 대해 건의를 제시한 것으로는, 선민의 환경보호 의식을 높이는 데 있어서 경제적 측면만 신경쓰기보다 좀 더 교육을 강화해야 한다거나, 운하 수질이 뚜렷이 개선되지 않았으니 좀 더 정부가 감독을 강화해야 한다거나, 부두 정비와 폐유 수거 시설을 늘려서 기름오염을 줄여야 한다는 의견 등이 있었다.

④ 선민 신분과 운하 물 환경의 친밀성

1) 이상적·도덕적 모델

우리의 조사연구에서 나온 숫자만 보면, 선민들은 돈버는 것보다 환경을 더 중요시하고 있다(아래 도표들 참고). 그런데 정말 그렇게 단순하게 이야기할 수 있는 걸까? 앞서 언급했듯 선민들은 공장 폐쇄에 대해 분명히 소극적 태도를 취하는데, 왜냐면 공장을 폐쇄하면 자신이 돈벌 기회가 위협을 받기 때문이다. 이런 현상은, '돈버는 것'과 '환경'이라는 두 문항에 대한 대답이 모순적이고 충돌적임을 의미한다. 선민의 실제 행위는 어떠할까? 우리는 설문조사와 참여관찰 그리고 인터뷰를 통해, 정부가 쓰레기를 수거하고 기름오염물질을 회수하는 정책을 펼치기 전까지 선민들은 생활쓰레기와 기름오염물질들을 직접 운하에 버리는 것이 상당히 보편적인 현상이었음을 알 수 있었다. 이제 관리 정책이 시행되고 있지만 여전히 일부 선민은 담배 꽁초나 과일 씨앗을 운하에 버리고 있으며, 이런 행위는 인터뷰에서 "환경이 더 중요하다"고 답한 선민들에게서도 많이 드러나는 것을 우리는 참여관찰에서 발견할 수 있었다.

왜 이런 현상이 나타날까? 우리가 보기에 이는, 인터뷰 과정에서 선민들이 '이상적 모델'이나 '도덕적 모델'을 보여주려 하는 현상이다. 낯선 사람들을 상대로 인터뷰를 진행할 때 인터뷰 대상자는 무의식적으로 인터뷰하는 사람의 가치관에 맞추려 하는 경향이 있다. 우리는 조사를 진행하면서 자기소개를 해야 했는데 '대학교수'나 '대학생'을 대면하면 선민들은 무의식 중에 실제 행위와는 다소 다르더라도 듣기에 '정치적으로 정확한' 답을 선택하게 되고, 그들이 생각하는 '이상적' 혹은 '도덕적'인 답을 하는 경향이 있는 것으로 보인다. 이는 필연적으로 조사에서 부딪칠 수밖에 없는 문제이고, 우리는 '환경 보호'가 왜 선민의 이상적 또는 도덕적 모델이 되었을까 라는 또다른 질문을 안게 되었다. 현대화가 발전하면서 환경 문제는 분명히 점점 많은 이들이 관심을 갖는 주제이고, 시진핑이 제기한 "푸른 산과 물은 금산金山 은산銀山과 같다" 역시 환경문제에 대한 지시이다. 그렇다면 이런 상황은 현대 선민과 어떤 관계를 가지는가?

우리가 관찰하며 발견할 수 있었던 것은, 배의 공업화와 과학기술화로 인해 배를 모는 것이 더 이상 '하늘과 물에 의존하는 것'이 아니게 되었고, 그리하여 현대 선민의 민간신앙은 예전에 비해 약해지고 선민과 운하의 친밀성도 점차 분리되고 있다. 운하에 대해 선민이 느끼던 직접적 감정은, 생활용수가 운하 물이 아닌 다른 물로 점차 대체되면서 서서히 약해졌다. 즉 선민은 과거처럼 운하 환경에 대해 신경쓰고 관심을 갖지 않게 되고, 좋은 물 환경을 유지하기 위해 애써 노력할 필요도 적어졌다. 동시에 선민 입장에서는 운하에 대한 주체성을 정부에 빼앗기게 되었다. "환경 보호 같은 건 (우리 일이 아니라) 정부의 일"이란 말을 선민들과의 인터뷰에서 여러 번 들을 수 있었다. 선민들은 운하의 '주인'이라는 의식이 이제 사라지고 있고 주체적으로 환경을 보호할 동력도 잃었기에, 현재의 선민이 수상환경을 보호하는 주요 방식은 정부 정책의 지도를 따르는 것이 되어 버렸다.

만일 정부가 수상 환경에 대해 또는 선민에 대해 감시를 안 한다면, 선민은 가격 절감에 필요하다면 수상 환경을 오염시키는 행위를 다시 할지도 모른다는 가설도 가능하다. 이런 가설을 외부 사람들이 고정관념으로 가지는 상황을 피하기 위해 선민들은 외부인에게 대답할 때 자연스럽게 '환경 보호'를 이상적이고 도덕적인 모델로 삼게 된다고 보인다. 선민은 인터뷰원들에게 '좋은 인상'을 주어 '현대의 좋은 선민'이라는 이미지를 만들어내고자 한다. 어떤 이들은, 선민은 말과 행동이 다르고 그들의 행위는 도덕적 기준과 상관없이 습관에 따라 행해진다고도 한다. 우리는 이렇게 단순하게 판단하려 하기보다 좀 더 그들의 행위와 가치를 깊이 있게 이해할 수 있는 틀을 만들어내고자 노력해야 할 것이다. 그리고 이를 위해서는 단순한 설문조사로는 한계가 클 수밖에 없고 장기간 그들과 함께 배를 타며 참여관찰을 해야 할 것이다.

운하 환경 보호 vs 돈벌이

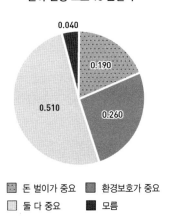

2) 교차분석

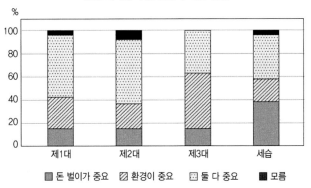

도표에서 뚜렷이 볼 수 있는 현상은, 2대, 3대째, 그 이상 선민을 계속하고 있는 이들일수록 돈 버는 게 더 중요하다고 답하는 비율이 증가한다는 점이다. 이는 몇 대째 선민을 계속해 왔는지 하는 요인이 환경에 대한 생각과 상관관계를 지님을 보여준다. 의무교육을 받은 비율이 비교적 높은 1세대 선민, 즉 이제 처음으로 선민을 시작하는 이들은 3대 혹은 그 이상 계속해온 선민에 비해 환경의 중요성이 갖는 의미를 더 잘 인식하고 있다. 그러나 연령 분포는 상반되는 상황을 보여주는데, 연령이 높아질수록 돈 버는 것이 중요하다는 비율이 계속 하락했다. 이는 젊은이들이 배금주의 사회를 접하며 좀 더 현실적인 사고방식을 갖게 되었기 때문일 것이다.

우리는 이처럼 두 가지 결론에 대해 어느 정도 신뢰가 있는 데이터를 얻게 되었고, 한걸음 더 나아가 세대와 연령을 복합적으로 분석하자 30대 이하는 주로 제2대 선민이고 제1대 선민은 41~50세가 주류임을 알 수 있었다. 즉 제2대 선민을 구성하는 젊은이들은 환경문제보다 경제적 이익을 더 중시하고, 제1대 선민인 중년층은 환경 보호

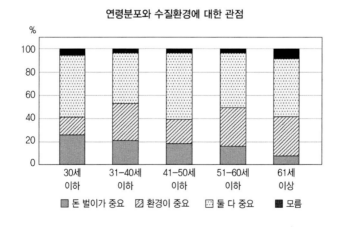

연령분포와 수질환경에 대한 관점

를 더 중시하는 것이다.

이번에는 뱃생활을 한 기간과 환경보호 경향 사이의 교차표를 보자. 뱃생활을 한 지 1년 이하의 선민들이 압도적으로 환경을 중요하게 생각하는 경향을 보인 것 외에는 다른 기간의 선민들은 다들 돈벌이가 중요하다고 보는 경향을 보여주었고, 7~10년 된 선민들이 이런 경향을 가장 강하게 보여주었다. 선운船運 업계의 흥망성쇠를 겪으며 선민들은 2011년부터 2014년 사이의 기간을 최고의 전성기로 꼽으며, 지금은 그 때에 비하면 훨씬 못한 상황이다. 이렇게 상황이 크게 달라지면서 경제적 수입에 대해 좀 더 필요하다는 인식이 강해졌을 수 있고, 또 선민들은 대출률이 74%에 달하는 집단으로서 돈벌이를 중시하는 경향은 크게 놀랍지 않다.

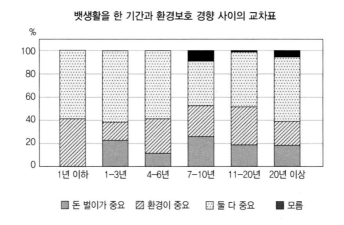

뱃생활을 한 기간과 환경보호 경향 사이의 교차표

성별로 살펴보면 남녀 모두 환경 보호를 중시하는 경향을 보여주어, 환경 보호가 돈 버는 것보다 더 중요하거나 똑같이 중요하다고 답한 이들이 70%가 넘었다. 다만 성별 차이를 보면 남성이 여성보다는 좀 더 돈 버는 게 중요하다고 답하였다. 업종 종사경력의 측면에서 보면 선민 집단 권역을 벗어난 적이 없는 선민들의 환경 보호 지향이, 예전에 다른 일에 종사하다가 선민이 된 이들의 환경 보호 지향보다 낮은 현상이 뚜렷했다. 이에 대한 심층적 해석은 별도의 연구가 필요하겠지만, 계속 운하에서 생활한 선민은 수질 환경을 당연한 것으로 받아들여 덜 중시하는 데 비해 외부 환경을 접했던 선민들은 좀 더 환경을 중시하게 되는 것으로 여겨진다.

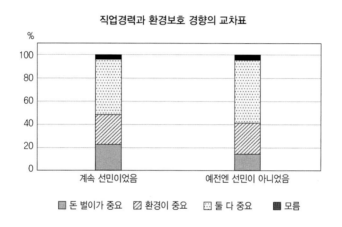

직업경력과 환경보호 경향의 교차표

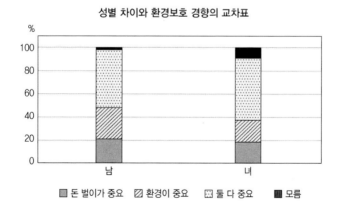

성별 차이와 환경보호 경향의 교차표

돈 버는 것과 환경 보호 중 더 중요한 것에 대한 응답과 정부의 물 관리 정책을 얼마나 이해하는지에 대한 응답을 교차분석해 보니, 정부 정책을 잘 이해할수록 돈 버는 게 중요하다는 비율이 낮아졌다. 그러나 동시에, 정부 정책을 잘 이해할수록 환경 보호가 더 중요하다는 비율도 낮아졌고, 전체적으로 '둘 다 중요하다'는 응답이 높아졌다. 그리고 정부 정책을 이해한다고 답한 선민과 이해하지 못한다고 답한 선민 사이에서 환경 보호와 돈벌이의 중요성에 대한 응답 비율은 큰 차이를 보이지 않았으니, 전체적으로 선민들의 환경 보호 의식을 높이는데 정부 정책이 중요한 영향을 미치지 못하고 오히려 정부 정책 외의 환경 보호 담론의 영향이 크다고 판단된다. 정부 정책을 잘 이해할수록 환경 보호를 중시하는 비율이 높아질 것이라는 가정과 달리 정책의 영향은 유일한 요소도 가장 중요한 요소도 아니며, 선민의 가치판단에는 복합적 요인들이 영향을 미치는 것이다.

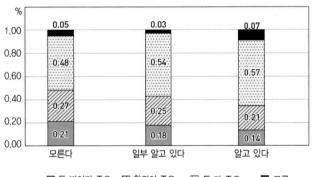

정책에 대한 이해와 환경보호 가치관의 교차표

5 운하와 수상 운송

1) 내하 운항의 안전관리

　　내하 운항에 대한 관리는 주로 두 가지 측면에서 나타나는데 하나
는 배에 대한 것이고 다른 하나는 수상 운송 과정에 대한 것이다.
먼저 배에 대한 관리에는 배의 설비 그리고 선원들에 대한 요구가
포함된다. 「중국선박안전감독규칙中華人民共和國船舶安全監督規則」에
따르면 2017년 7월 1일부터 선박 안전점검에는 선박의 구조, 시설,
설비 상황이 포함되고, 선원 배치 수량 및 관련 직책 수행능력과 이
행실태를 파악하여 선박의 정상 운항을 도모해야 한다. 「중국 내하선
박선원 당직규칙(중국교통운수부령 2015년 제20호)中華人民共和國內河船
舶船員值班規則(中華人民共和國交通運輸部令2015年第20號)」에서는 당직
선원이 수역에서 작업할 때 반드시 규정된 구명복을 입어야 한다고
강조하고 있다. 선주 역시 배에 구명보트를 확보하되, 선박용 제품

인증을 거쳐 정기적으로 승인받은 구명보트 검사장에서 검사를 받아야 한다. 운송 과정에는 주로 입출항과 갑문 통과 관리가 포함된다. 2016년 12월부터 내하 운항 선박 입출항 때 전자 통행증을 실시하게 되어 해사 전자 통행증 서비스 사이트에 접속해 회원 가입을 해야 하고, 오직 휴대폰 번호를 통해서만 업무처리 정보를 안내받고 검증받을 수 있다. 등록 완료 후 선박이 정박하거나 출항할 때 4시간 전 (24시간 이내에) 전자 통행증을 신청해야 한다.

2017년 3월 22일부터 「교통운수부 해사국의 내하 항행 선박 입출항 보고제도 시행에 관한 통지交通運輸部海事局關於實施內河航行船舶進出港報告制度有關事項的通知」에 따라 입출항을 전자 신고 허가로 하게 되었다. 이미 전자 통행증번호를 등록한 선박은 기존 계정을 사용해 상륙처리를 하면 되고, 이에 따라 기존의 선박 IC카드는 이제 사용이 취소되었다. 입출항 보고 내용에는 다음과 같은 내용이 포함된

다: 선박의 운항 횟수와 동태 정보(지난 번 항구/다음 항구, 항구에서의 정박 예정 위치, 입출항 예정 시간, 입출항 선박 뱃머리/꼬리 흘수량), 선원 정보(선원 이름, 직무, 자격증 번호), 승객과 화물 적재 정보(승객 수, 화물 종류 및 화물 수량), 컨테이너 수량 및 중량 등이다.

2) 선민 눈에 비친 수상 운송 문제

선민 입장에서 그들의 이익과 가장 밀접한 것은 선박 운송이다. 우리는 현재 운하 운송의 문제점 그리고 선민의 생존과 운하 관리 사이의 관계에 대해 초보적으로 탐구해 보았다. "배는 너무 많고 경제는 불경기"라는 선민들의 말이 바로 현재 항주 운하 운송의 가장 큰 문제로 꼽히고 있었다. 개혁개방이 이뤄진 1980년대 중반 선박 운송 단가는 국가가 결정했고 적재량과 수송 거리에 따라 가격을 매겼으나, 이후 사유제 개혁이 이뤄지고는 종종 화물 적재량만을 고려하게 되었다고 한다. 1990년대 상해 포동浦東 개발이 시작되어 대량의 석재와 모래가 필요해졌고 선민 운송업도 크게 발전하게 되었다. 2008년 경제위기 이후 2012년에 이르기까지 시장 상황은 계속 나빠졌다. 2013~2014년 항주 각 지방을 재건하면서 G20를 맞아 도시건설 개선작업이 진행되어 항운업도 일시적으로 상황이 좋아졌으니 선민들은 2015년을 "일감이 많았던 해"로 기억하고 있었다. 그러나 산업이 발전하고 도시 건설이 점차 정비되어 가면서 다른 교통수단에 비해 항운이 가지는 상대적 우세는 약해졌고 항운 수량은 타격을 받고 있다. 위축되어 가던 시장에 대량의 새로운 선민들이 유입되면서 경쟁은 더 치열해졌고 오래된 선민들은 다른 기술이 없으므로 다른 업종으로 이동해갈 수도 없었다.

선박 운송의 두 번째 문제점은 기름값이 너무 높다는 것이다. 유가의 높고 낮음은 기름 시장의 자연스러운 경쟁과 조절의 결과로서 국내 시장 뿐 아니라 전 세계 석유시장과도 연결된다. 선민의 말에 따르면 보름 동안 유가가 리터당 1위안 오르면 유가와 상쇄되어 화물 운송 이윤은 톤당 2위안 감소하게 된다. 유가가 너무 높은 것과 대조적으로 현재 선박 운송비용은 너무 낮고 배가 많아져서 운송업자가 더 많은 선택권을 갖게 되니 선민은 피동적인 상황에 놓여, 선민들은 운임이 더 낮아지면 배를 떠날 사람들도 많이 나올 거라고 이야기하였다. 전체 운수업에서 공급이 수요를 초과하니 운송 원가는 커지지만 이윤은 적어져 선주의 수익성은 더 나빠졌다. 또 선박 운송업 내부에서 화물 공급처를 찾는 과정에서 일부 운송회사와 대리인이 중간에 끼어 있어서 항운 이윤은 더 층층이 거치며 감소하게 된다.

정부의 관리는 운하 운송에서도 상당히 중요한 역할을 맡고 있다. 우리와 인터뷰한 선민 중 절반 이상이 갑문 통과비용이 너무 비싸다고 했고, 운하 관리와 민생 조치가 잘 안 된다고 여기는 선민이 응답자의 절반을 넘었다. 항주 구간 운하를 통과하는 선민은 모두 일정한 갑문 통과료를 내야 하는데, 선민들에 따르면 갑문 통과비용은 하중 단위에 따라 톤당 2.7위안을 받아서 강소성의 0.35위안과 비교되고 상해에서는 아예 비용을 안 거두니 확실히 항주 구간이 비싸다. 선박의 운송 물량의 크기와 흘수선에 따라 보통 1천 톤 이상의 화물을 싣는 배들은 왕복에 적어도 3천 위안이 필요하다. 선민들은 한 달 한두 번 운항으로는 이윤이 너무 적고 갑문비용이 지나치게 높아서 선민이 정작 가지는 몫은 너무 적다고 하소연했다.

172

갑문통과 비용이 높은 것 외에도 갑문에서 기다리는 시간이 너무 길고 불확실한 것 또한 선민의 생계에 큰 영향을 준다. 갑문에서 기다리는 시간이 길어 운항 주기가 길어지다 보니 매달 운항 수량이 줄고 화물 운송 횟수도 줄어 수입도 줄어들게 된다. 그러나 선민들의 이야기를 들어보면 운항 횟수의 많고 적음은 집단마다 의미가 달랐다. "안휘 배는 한 번 가면 한 지역에서 며칠 기다리니 별로 급할 게 없는" 반면 절강 온령溫嶺 배는 효율을 중시하여 시간을 허비하지 않으려 한다. 또 운송하는 화물 유형과 배 크기에 따라 갑문 통과에 우선순위가 있다. "컨테이너, 경유, 화공물질 같은 위험물을 실은 선박은 대체로 먼저 통과되고", 또는 "작은 배를 먼저 보내고 큰 배는 하룻밤 더 기다리게 한다"는 증언도 있었다. 이런 차이에 대해 선민들은 이유는 잘 모른다고 하면서 "아마 특별한 물자를 실어서 그런 거겠지"라고 추측했다. 항주는 이미 항로 유지비를 폐지했지만 이웃 성에 비해 상대적으로 갑문 통과비가 높아 선민들의 불만을 초래했다.

'운하 관리가 부족하다'고 응답한 선민들과 인터뷰를 해보니 관련 부서들이 관리기준 집행을 엄격하게 하지 않는다는 지적이 많았고, 공신교에 설치한 신호등 운영방법도 이해가 안 간다는 답도 있었다. 공신교는 중요한 운하 유산으로서 최대한 보호를 받아야 하므로 다리 근처에 신호등을 설치한 것은 공신교를 보호하면서 운항을 제대로 하게 만들기 위해서였다. 그러나 일부 인터뷰 대상자들은 선박이 기다리는 동안 부딪치기 쉽고 배의 기기를 멈출 수 없어서 기름 낭비가 심하며, 배를 세우고 후진할 때 가속 페달을 밟아 소음도 크게 나고 공기 오염도 심하다는 이야기도 했다. 선민들은 신호등 설치와

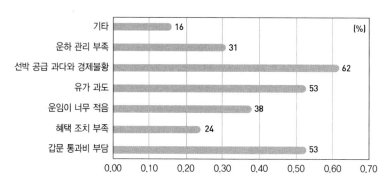

수상 운송에서의 문제점에 대한 선민의 생각

항목	수치 (%)
기타	16
운하 관리 부족	31
선박 공급 과다와 경제불황	62
유가 과도	53
운임이 너무 적음	38
혜택 조치 부족	24
갑문 통과비 부담	53

관련하여 정지 시간의 간격을 다시 정해야 하고, 멈춘 배의 임시 닻 설치는 임의로 설정하면 안 되고 배의 운항 습관에 맞게 설정되어야 한다고 지적했다. 또 여객선과 함께 운항하면 위험이 큰데, 여객선은 화물선보다 빨라서 여객선이 일으키는 파도의 타격으로 선박 사이에 사고가 일어나기 쉽다는 것이다. 또 어떤 선민은 공장에서 규칙에 안 맞는 조명을 사용하여 야간 운항의 위험성을 더 높인다는 점도 지적했다. 일부 선민에 따르면 운하 치안은 최근 몇 년간 크게 개선되었지만 일부 지역에선 여전히 도난이 발생하고 특히 연말이나 밤에 더욱 도둑이 많다고 했다. 수상 면적이 넓고 이동이 불편하여 도난사건이 발생하면 관련 부서가 제때 도착하기 어려우니 선민의 재산이 충분히 안전을 보장받지 못하고 있다. 수상 치안을 어떻게 효과적으로 관리할 것인지는 향후 관리 부서에게 큰 도전이 될 것으로 보인다.

선민들은 운항 안전 측면에서도 선원 관리 문제를 제기했다. 선원 정원 관련하여 안휘 선박은 부부가 운행하는 배 위주로서 승선원 3명이라는 정원은 선박 운행의 비용을 크게 증가시켰다. 그러나 최근의 내하 선박 최저 안전인원 기준은 「중국 해사국의 '중국 선박 최저 안전 배원 규칙' 부록3에 관한 통지中華人民共和國海事局關於修訂《中華人民共和國船舶最低安全配員規則》附錄3的通知」를 수정하여 일반 선원 배치 요구를 줄였고 이는 2018년 7월 1일부터 실시되었다. 선원, 특히 기관사 자질 문제도 몇 선민에 의해 제기되었는데, 선민들에 따르면 선박 사고의 흔한 원인은 바로 기관사를 맡은 선원의 기술 부족 때문으로서 "사천성이나 귀주성 쪽은 기본적으로 기관사도 없이 배가 다니고 경험자가 없고, 운남 지역은 경험자가 없다"고 했다. 구명조끼 문제도 일부 선민들이 제기했는데 아직 다들 익숙하지 않아서 "물끓이러 나갈 때 구명조끼를 안 입고 있다가 CCTV에 찍혀서 500위안 벌금을 물었다"거나 "여름엔 구명조끼 계속 입고 있기 너무 덥다"고 했다. 구명조끼는 선민의 갑판작업의 안전을 보장해주는 것이므로 개인의 인식이 더 높아질 수 있도록 해야 할 것이다. 종합적으로 보면 정부는 운하 운송에서 큰 영향력을 발휘할 수 있으며, 운하 관리를 좀 더 개선해야 할 것으로 보인다.

3) 선민들의 건의

운하 항주 구간 선민들이 우리와의 인터뷰에서 제시한 건의는 주로 운수 안전 측면에서 공신교의 신호등과 선박 사고 문제 그리고 선박 운수업계의 진입 문제에 집중되어 있었다. 공신교 신호등 관련해서는 적절하다고 하는 선민도 있었지만 대다수는 신호등 설계에 문제가 있다고 했다. 전문 인력이 감독지도하고 위치추적 시스템과 결합하여 교통정리를 진행할 수 있다고 제안하는 선민도 있었고, 일부 선민은 신호등 시간의 조정 문제를 언급했다. 이들은 선박의 행동과 운행 방식이 서로 다르고 선박은 순류와 역류의 영향을 받으므로 공진교의 순류와 역류도 응당 서로 다른 신호 계산방법을 택해야 하는 만큼 1시간으로 통일시키면 안 되고 사람이 조정해야 한다고 했다. 예를 들어 당번제를 실시하여 전문인력이 관리를 진행하자는 것이다.

전체적으로 선민들은 기계화된 신호등 설치에 대해 별로 만족하지 않았고, 유연하게 대응할 수 있는 전문 인력을 선호하거나, 배에서 고주파 사용을 강화하여 "물 위에서 순류와 역류간 양보"를 조정하거나 "돌아서 가는 배는 직진 배에게 양보하기" 등과 같은 수상 교통 규칙을 제정하고 선박간의 소통을 원활하게 만들어 긴급성에 따라 공신교를 지나게 하는 동시에 충돌 등 선박 사고문제를 피해야 한다고 제안했다.

운송 안전 중 외항선은 전자번호판을 사용할 수 없다는 점이 또다른 잠재적 위험을 가져온다고 지적하는 선민들도 있었는데, 예를 들어 밤에 항구로 들어올 때 위험하다는 것이다. 또한편 선박 운송업의 수급 불균형은 다들 알고 있었고, 수상 운송에 차질을 빚고 있으니 국가가 개입하여 선박에 허가를 내주는 계획이 있어야 하며 연한이 다 된 선박은 엄격히 폐기해야 한다는 것이 선민들이 대부분 공감하는 바였다. 이처럼 선민들은 수상 운송 과정에서의 문제에 대해 해결 방법을 많이 고민하고 생각하면서도, "내가 이런 이야기를 아무리 한들 높은 분들이 들겠어요?"라고 자조적으로 묻고 있었다. 정부가 적극적으로 선민들의 제안과 목소리에 답하며 의견을 들으려 한다면 선민들이 훨씬 더 적극적으로 문제점을 지적하고 해결방법을 제시할 것이라고 우리는 생각한다.

6 소결

운하 항주 구간 선민에 대해 현지에서 설문조사와 인터뷰를 함으로써 선민이 1950년대 이래로 운하에 대해 감지한 수질 변화, 변화의 주요 오염원, 그리고 대처 방식과 제안 등에 대해 지금까지 살펴봤다. 과학적 시각에서 이루어진 운하 절강과 강소 구간에 대한 연구들 상당수는 구체적 데이터와 묘사를 통해 항주와 상주 지역의 운하 수질 변화와 오염물질 오염원을 보여주었다. 운하 수질 변화에 대한 선민의 감지는 운하 전체에 대한 것이긴 하지만, 응답자 선민들이 항주 구간을 경험했음을 감안하면 항주 구간의 수질 환경상황에 대한 '과학적' 해석과 선민들의 관점은 여전히 비교해볼 가치가 있을 것이다.

양자의 대비를 통해 우리는 수질의 역사적 변화, 오염물질과 수자원 관리의 세 차원에서 양자의 추세가 기본적으로 부합한다는 것을 알 수 있으며, 주된 오염물질 분류에서도 추세가 일치하고 수자원 관리 중 중요한 핵심정책 역시 양자의 인식이 일치하고 있다. 다만 과학적 용어는 좀 더 추상적이고 거시적이며 오염물질과 오염원 등에 대한 묘사가 상세한 반면, 선민의 용어는 좀 더 구체적이고 생활에서 우러나왔기에 선민과 운하의 시공간적 친밀성을 보여준다. 이러한 친밀성은 운하에 대해 선민이 파악하며 갖게 된 나름의 지식체계로 체현되는데, 여기에는 수질 악화 원인에 대한 해석, 오염에 대한 이해, 수질의 판단 및 상응하는 대응들, 그리고 여러 지역의 수질 상황에 대한 판단, 자신의 물처리 방식 등이 포함된다. 운하와 관련된 다른 집단들과 선민은 구분되는 특성을 가지며 선민은 운하와 좀 더 특별하고 긴밀한 관계를 지닌다. 다만 선민은 동질화된 단일 집단이 아니고 선민 내부에서 연령, 세대, 뱃생활 기간, 성별, 경력 등의 요소로 나뉘는 만큼, 선민의 가치 판단과의 상관분석을 통해 어떤 속성이 물 환경에 대한 선민의 보호 판단에 어떤 영향을 미치는지를 파악할 수 있을 것이다.

여러 이익집단 중 선민과 정부의 상호작용이 가장 빈번하다. 최근 몇 년 동안 운하 환경 관리가 강화되면서 운하 선박 운항 안전과 오염 관리와 관련하여 선민에게 큰 영향을 미치게 되었다. 운하 환경관리 조치에 대한 대응에 있어서 선민 내부에선 정책에 대한 이해, 정책 효과에 대한 인정, 그리고 정책에 대한 인식에서 차이가 있다. 또한 수상 운수는 선민의 생계 수단이므로 선민과 밀접한 관련을 지닌다. 선민이 보기에 시장의 영향을 받는 운임과 기름값은 모두 큰 영향을 미치는 요인들이다. 정부의 관리 또한 선민에게 중요한 영향을 미치는 요소로서, 비록 대부분의 선민이 수상 치안의 완비와 해운업 비용의 감소 등의 정책에 대해 긍정적으로 평가하고 있지만, 갑문 통과 비용, 갑문에서 기다리는 시간, 부두 정비, 선원 관리, 그리고 항주 구간 신호등 설치와 여객선 운행 상황 등에 대해 여러 가지 문제점을 지적하고 다양한 제안을 하고 있었다.

현 단계에서는 이러한 발견을 기반으로 문제점과 후속 연구 방향을 제시하고자 한다. 우리는 운하 선민과 운하 수상 환경이 다른 주체들에 비해 훨씬 긴밀한 관계를 맺고 있다는 점, 그리고 수질 변화와 그 원인에 대한 이해에 있어서 선민의 관점이 '과학적' 시각과도 거의 일치한다는 점을 밝혀냈다. 그리고 선민과 관련되는 정부 부서와 수운에 대한 선민의 반응과 이해도 알아보았다. 다만 이렇게 서로 다른 이해관계를 가진 당사자들과 관련 사물이 운하 환경에 대한 선민의 감지와 행위에 어떻게 영향을 미치는지에 대해서는 통시적으로나 공시적으로 좀 더 많은 연구가 필요하다. 또한 운하 환경의 변화와 경제 발전은 밀접한 관계를 가지므로, 경제발전의 영향 하에서 환경이라는 대가는 치를 수밖에 없다거나 환경 관리를 후속 조치로 취하면 된다는 인식을 종종 보게 된다. 그러나 환경과 경제 발전은 결코 서로 대립하는 양자가 아니며, 환경과 자원 및 인구는 모두 경제발전의 기초이자 동력이 된다. 따라서 선민과 운하 환경에 대한 연구를 통해 운하 환경에 대한 친밀성과 그 영향 요소 그리고 환경과 발전의 관계에 대해 운하 선민의 관점에서 해석해 낼 수 있기를 우리는 희망한다. 우리가 지금까지 연구하며 정리한 문제점들에 대해 아래에 구체적으로 서술하였다.

(1) 현 단계에서 주로 경항운하 절강 구간과 소남 구간에 대해 항주와 상주를 사례로 들어 과학적 시각에서 그 수질 변화와 원인에 대해 살펴보았다. 현재도 배가 다니고 있는 절강 구간 절동운하, 강소 구간 소북운하와 산동 제녕 남쪽 구간에 대해 수질의 역사적 변화라는 측면에서 주요 오염물질과 오염원 그리고 공공정책 차원에서 각 구간의 운하를 전체적으로 이해할 필요가 있다.

(2) 선민에 대한 인터뷰에서 일부 구체적인 문제들을 발견했다.

① 선민의 지식 체계는 과학적 근거를 가지는가?
　　㈎ 선박이 수로와 연안에 미치는 영향
　　㈏ 물 관리, 물을 끌어오는 공정 메커니즘
　　㈐ 일부 선민은 왜 물 관리를 단지 오염수가 다른 곳으로 이동할 뿐이라 여기는가?
　　㈑ 과학적 지식과 선민의 관점 사이의 차이는 각자가 활용하는 담론과 언어의 격차를 야기하는가? 선민은 운하 환경 오염과 관리에서 자신이 가지는 자주성에 과학적 담론이 영향을 미친다고 여기는가?

② 선민의 지식체계
　　㈎ 오염에 대한 선민의 이해, 그리고 과학적 담론에 대한 이해와 '소박한' 관점 사이의 결합
　　㈏ 기계선 내의 기관실에서 나오는 폐유와 폐수 처리, 선실 내

생활쓰레기 처리에 대한 인식

(다) 선상 생활이 만들어내는 폐수 처리와 도시 농촌이 만들어내는 생활 폐수에 대한 인식 차이

(라) 쓰레기 수거 배의 이용 빈도, 그리고 폐기물 회수와 이후의 처리방식에 대한 선민의 이해

(마) 명반의 사용은 역사적으로 어느 시점까지 거슬러 올라갈 수 있는가?

(바) 운하 수질에 대한 선민의 영향은 어떤 것이 있는가? 일부 선민은 양안의 오염에 관심을 표시하였다. 운하 연안 육지와 운하 환경 사이의 관계에 대해서도 향후 지속적 탐구가 필요하다. 예를 들어 19세기 말 20세기 초 항주 운하 연안에 민족공업이 발달했을 때 물 환경에 어떤 영향을 미쳤는지, 항주 구간 선민들은 어떤 반응을 보였는지, 그리고 해방 이후, 또 20세기 전반의 운하 환경과 선민들의 대응에 대해 더 연구해 나가야 할 것이다.

③ 물 관리 정책: 집단화 시기인 1950년대 분뇨의 수집, 그리고 다른 폐기물들은 어떻게 처리했었는가?

④ 선민의 내부 분화

(가) 운하 환경 보호의 가치에 대한 판단과 선민이 받는 경제적 압박 사이의 관계. 선민은 정부의 운하 환경 관리정책의 영향을 받지만 선민 스스로도 자발적 인식을 가지고 운하 환경에 대해 나름의 감지와 행동양식을 가지게 된다. 예를 들

어 배 위의 어떤 것이 쓰레기이고 그것을 어떻게 처리할 것 인지에 대한 감지와 행동양식, 역사적 변화와 그 원인, 경제적 압박과의 관계에 대해 앞으로 계속 연구할 필요가 있다.

(나) 선민의 미시적 시각에서 본 경제와 환경.

　(나)-1 옛 선민을 통해 1950년대 이전 운하 선민집단에 있어서 인구와 자원과 환경과 발전의 관계를 이해하는 것이 필요하고,

　(나)-2 현재 배를 타는 선민들에게 있어서 인구와 자원과 환경과 발전의 관계를 이해하는 것이 필요하다. 예를 들어 선민의 세대 변화와 운송 물류의 변화 등에 대한 고려가 필요하다.

　(나)-3 경제발전과 환경의 상호견제라는 배경 하에서 선민들의 취사선택은 '순종적 행동주의'(Lora-Wainwright)의 경향을 띨 수 있다. 이런 점에서 운하 환경과의 친밀성 그리고 환경과 발전이라는 양대 문제 모두 밀접한 상관관계를 지닌다고 볼 수 있다.

(3) 운하 관리 정책에 대한 선민의 이해 여부, 정책 효과에 대한 긍정 여부, 그리고 정책 자체에 대한 공감대와 관련하여 선민들 사이에는 다양한 차이가 있음을 발견하였다. 정부가 정책을 집행하는 데 있어서 일방통행식 관리로 일관하며 선민들을 관리 시행의 대상으로만 인식한다면 선민으로서는 괴리를 느낄 것이다. 정부 정책 시행과정에 대한 선민들의 생각과 대응은 운하 환경에 대한 선민의 감지와 행위에 어떤 영향을 미칠지에 대해서도 앞으로 주목해볼 필요가 있

다. 또 오염원과 관리는 공공 측면과 개인 측면으로 나눌 수 있는데 선민 자신은 어떻게 구분하고 구분되는지, 공공과 개인의 구분이 운하 환경관리에 대한 선민의 인지에 어떤 영향을 주는지 검토가 필요하다. 우리의 연구에서는 개인적 요인이라고 여기는 이들도 있었고 공공이 더 큰 오염의 원인이라고 여기는 이들도 있었다.

① 운하에서 공공 오염원과 개인 오염원

선민들의 관점에서 운하의 주된 오염원은 결코 배에서 만들어 내는 생활 오염원이 아니고 공업 농업 도시에서 나오는 공공 오염이다. 설문조사에서는 4분의 1 이상의 선민(26.11%)이 선상 오염과 다른 공공오염이 모두 운하의 주요 오염원이라고 생각하고 있지만, 전체적인 담론에서 선민들은 배보다는 다른 공공 시설 등을 주요 오염원으로 지적하였다. 정부와 전문가의 '과학적' 담론에서 알 수 있듯, 화물 운송 선박이 운하 수질에 미치는 영향은 결코 가볍게 보기 어렵다. 항주시 운하 조례에 따르면 운수 선박에 대한 규정에는 주로 선박 오수, 쓰레기 수집처리, 선박연료 업그레이드와 청정연료 보급 등의 내용이 담겨 있다(운하조례 2016). 운하 수질 전문가가 보는 운하 오염원 역시 '선박의 오염'이었다. 2014년 절강성 정협政協은 운하 보호 관련 협의를 하면서 "선박 오염 방지와 관리를 강화하고 기름을 함유한 오염수와 쓰레기 접수 기제를 건전하게 강화한다"고 하였다(吳森榮, 2014). 공서구拱墅區 정협 위원 천홍옌陳洪燕도 화물선 통항으로 인해 운하가 혼탁해진다고 지적하며 "수질 개선 노력을 상당 정도 상쇄해버리고 있다"고 했다. 따라서 선박이 초래하는 오염과 폐기물이 운하 수질에 상당히 부담을 만들어내는 건 부인할 수 없다.

선민의 주관적 감지와 '과학적 객관적' 측정 사이의 차이점은 인터뷰에서도 알 수 있었다. 현재 육지에 거주하는 옛 선민들 중에는 "그 때 배타는 사람들이 말하길, 대소변은 운하에 분수룡이 있으니 내려보내면 알아서 가라앉는다고들 했다"고 기억하는 이들이 있었다. 1950년대 애국위생운동과 농업비료 수요로 인해 선민의 배설물도 엄격하게 관리했고, 선박 장부에 도장을 찍는 방식으로 선민이 배설물을 모아 수거 부서에 제출하고 확인받고서야 다른 지역을 오갈 수 있게 했다. 현재 배에서 나오는 생활쓰레기와 운송 과정에서 나오는 기름은 모두 전문적인 수거 선박 또는 수집 부서에서 일괄 수거해 관리하고 있다. 현재 배를 타는 선민들 중 항주에 거주하는 일부 선민은 "쓰레기를 운하에 버리진 않지만" 산동에선 "쓰레기를 그냥 운하에 직접 버린다"고 이야기해 주었다. 운하 구간마다 관리 수단에 달라서 선상 폐기물에 대해서도 서로 다른 처리 조치를 택하고 있다. 또 선민이 배출하는 쓰레기와 폐유는 회수되지만 세면 설거지 같은 생활 오수에 대해선 "이런 물은 별 거 아니라서 운하에 영향 전혀 없다"고 생각하고, 배가 운하에 미치는 오염은 적다고 여기고 있었다. 그저 쓰레기를 함부로 버리거나 오수를 배출하지만 않으면 된다고 생각하는 경우가 많았다. 이러한 일부 선민들에게 오염의 주요 원인은 배가 아니라 운하 연안의 공장과 농지와 도시인 것이다.

인터뷰에서는 그 외에도 다양한 감지와 실천 방식을 볼 수 있었는데, 공공과 개인 모두 오염원이라 답한 선민 그리고 배가 주요 오염원이라고 답한 선민들과 이런 인터뷰 결과의 관계에 대해 향후 좀 더 깊이 분석할 필요가 있다. 일부 선민은 쓰레기 수거 선박에만 의존하지 않고 스스로 수거하는 습관을 천천히 키워왔는데, 다만 객관적 환경이 변하는 경우, 예를 들어 여름에는 쓰레기를 놔둘 수 없으니 "어떨 땐 그냥 운하에 버리기도 한다"고 했다. 선민들은 운하 환경 개선에 대한 정부의 관리 조치에 의존하지만, 자신과 좀 더 심리적 거리가 가까운 사물에 대해서는, 예를 들어 배의 위생이 위협받을 경우에는 직접 버리는 방식으로 배의 위생을 지키려 하는 것이다. 또 일부 선민은 선상의 관리조치도 따르고 운하 오염원과 조치에 대해서도 관심을 가지고 있었다. 어떤 선민은 운하에서의 기름 오염이 자기 생계에 영향을 주지 않을 것이고 운하에서 계속 화물을 운송할 수 있을 것이라 여기고 있었지만, "이렇게 물 상태가 좋지 않으니 기름 냄새가 나고 황포강에 흘러가면 수질이 나빠질 것"이라면서 "운하에는 부두가 있으면 안 된다, 부두는 사방에 기름 오염이 가득하다, 이런 걸 당신들이 좀 건의해 달라"고도 했다. 왜 일부 선민은 운하 환경과의 거리를 좀 더 가깝게 인지하는가? 국가 담론의 영향을 얼마나 받는가? 운하에 대한 전통적 옛 선민의 친밀성이 계승되고 있는 것인가 아니면 다른 원인이 있는가? 이런 부분들에 대한 탐구가 지속적으로 요구된다.

② 운하 관리: 공공 행위와 개인 행위

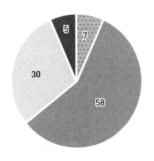

운하 관리는 공공행위인가 개인행위인가

개인행위에 의존해야 한다　　개인행위와 공공행위가 결합되어야 한다
공공행위에 의존해야 한다　　기타

　운하의 오염원과 공공과 개인의 구분이 있듯 운하 관리에서 공공 행위와 개인 행위에 대한 선민의 감지 역시 차이를 보인다. 60%에 가까운 선민은 운하 관리가 공공 행위와 개인 행위 모두에 의존해야 한다고 답하면서 정부만의 책임이 아니라고 했지만, 상당수는 운하 관리는 정부의 행위라고 여겼고 단지 7%만이 개인 행위가 더 중요하고 운하 환경 개선이 자신의 행위에 달려있다고 답했다. 인 터뷰에서도 이런 여러 유형의 병존을 볼 수 있었는데, 운하 환경 관리 상당 부분이 개인의 자각에 달려 있다고 답한 이도 있었지만, 자기 배의 쓰레기와 기름은 잘 관리하고 있고 규정에 따라 배출하니까 괜찮지만 공장과 도시 쓰레기는 자신과 무관하다고 답하는 이도 있었고, "오염은 내가 신경 쓸 일이 전혀 아니고 국가 지도자가

신경 쓸 일"이라고 답하는 이도 있었다. 다만 선민들이 '공공'과 '개인'을 구분하는 담론을 직접 제시하며 사용한 것은 아니었다. 우리가 인터뷰를 하면서 이렇게 구분해서 던진 질문에 대해 그들이 답한 것이다. 공공과 개인에 대한 이런 선민의 구분이 운하 환경 관리에 대한 선민의 인식에 어떤 영향을 어떻게 미치는지에 대해 앞으로 이론과 설문 그리고 인터뷰를 결합하여 종합적으로 검토할 필요가 있을 것이다.

공공과 개인 오염원에 대한 선민의 감지

선민이 생활에서 만드는 폐기물   합쳐짐
공공오염   모름

(4) 운하 환경에 대한 친밀성

이 개념은 먼저 정리가 필요한데, 심리적 거리인지 사회적 거리인지, '나와 관련이 있다'는 인식인지에 대해 좀 더 세밀한 이론적 접근을 해야 한다. 또 국가 담론의 영향도 간과할 수 없는데 예를 들어 '환경 보호'라는 용어의 사용이 어떻게 일부 선민에게 이상적 또는 도덕적 모델이 되었을까? 선민의 구체적 행위가 담론과 일치하는지

여부는 선민과 선민 생활에 대한 더 깊이있는 이해를 통해서 탐구해
야 할 것이다. 또한 선민의 지식 체계에서 현재 선민의 음용수가 운
하 물이 아닌 다른 수원水源으로 대체되었으므로 수질 판단 역시 직
접 마셔본 바에 따른 판단보다는 묘사적 판단이 주를 이루어 좋다거
나 맑다는 용어가 많이 사용되고 있는 현상은, 예전 선민에 비해 현
재의 선민이 운하 환경과의 친밀성 정도가 다르다는 것을 보여준다.
심리적 거리 측면에서 보면 현재 선민이 사용하는 용어는 추상적인
반면 좀 더 구체적 용어를 사용했던 예전 선민들이 운하에 대한 심리
적 거리가 더 가깝다고 할 수 있다. 다만 이러한 질적 판단을 하는
데 있어서 '친밀성'에 대한 명확한 규정이 필요하다.

(5) 물 환경과 마찬가지로 선민과 직접적 관계를 가지는 수운水運에 대한 태도 역시 선민 집단 내부에서 차이가 있다. 시장과 정부 관리라는 두 측면에서 수운에 대한 영향이 생겨나는데, 일부 선민은 배워서 적응할 수 있었고 어떤 선민은 문제를 지적하며 자기 의견을 내놓았고, 또 다른 선민은 문제는 지적하되 방법을 제시하진 못했다. 이렇게 서로 다른 유형의 선민의 배후에서 만들어지는 메커니즘은 무엇인가? 운하 환경에 대한 선민의 감지와 행위의 다양성과 이러한 수운에 대한 다양한 태도 사이의 관계도 더 나아간 분석이 필요하다.

그 외에도 일부 선민은 지역적 차이가 운하에 대한 선민들의 감지에 미치는 영향을 지적했는데, 예를 들어 운항 횟수가 미치는 영향에 대해 안휘성의 선민과 절강성 온령溫嶺 선민은 다르게 인식한다는 것이다. 따라서 가격과 소득에 영향을 주는 시장과 정부 관리 뿐 아니라 다른 요소들도 '객관적' 사물에 영향을 줄 수 있다는 점을 계속 고려해야 한다. 지역적 요소에 대해 추가적으로 검토하고, 지역적 요소 배후의 근본적 원인 등에 대해 앞으로 계속 심층 분석이 필요하다. 따라서 후속 연구의 방향은 운하 환경에 대한 선민의 친밀성에 대해 더욱 파고들어야 하고, 선민집단 내부에서의 분화 그리고 여기에 영향을 미치는 요소들에 대한 추가 데이터 수집과 분석이 요구된다.

VI

운하 선민의 개인 생애사와 집단기억

　운하 선민이 유사 이래 '주변적 집단'으로서 주류 사회와 거대 서사의 권위에 눌려 자기 표현 능력을 발휘하기 어려웠다면, 거대 서사에 투사되는 이 '작은 인물'들의 목소리를 어떻게 드러낼 것인가. 이것이 바로 우리가 하는 운하 선민 연구의 출발점이었다. 이번 VI장은 우리가 선민들의 목소리를 그대로 기록하는 방식을 통해 선민 개인의 생애사를 서술하는 동시에 집단기억도 보여주고자 하였다.

"선민몽"船民夢
: '배를 타고 싶은' 중경重慶 선공과 '배에서 떠나고 싶은'
호주湖州 선주

- 구술 시간: 2017.7.24.
- 구술 장소: 항주 의교義橋 부두
- 조사원: 진즈린金志林
- 구술자 1: 우선생(가명, 본적은 중경, 승선 3년)
- 구술자 2: 리원李文(가명, 남자, 43세, 본적은 절강 호주, 개인선 소유주)

　　우선생은 중경 사람으로 올해 55세이고 사업에 실패해서 고향을 떠나 2014년 고향 친구 소개로 운하에 와서 선공船工으로 일하게 되었다. 규정에 따르면 운하에서 일하는 선민은 모두 자격증이 필요하고 자격 취득 후에야 배를 탈 수 있지만 그는 2017년에야 비로소 정식 자격증을 획득했다. 자격증 획득 전 2년간은 몇 번 임시직으로 여러 배에서 일하다가 2017년 현재의 선장과 일하기 시작했고, 예전 배에서는 선장과 별로 잘 안 맞았다. 현재의 선장은 선주가 고용한 선장으로, 선장이 그를 고용했고 한 달 월급이 4,500위안이며 선장이 고향 사람이라 사이좋게 지낸다. 그는 나이가 많은 편이라 부득이 이렇게 돈벌이를 위해 승선을 택했다. 예전엔 공사장에서 일한 적도 있지만 공사장 일이 봉급이 적은 편이었다. 배타는 일은 공사장에 비해 노동량도 적고 자신의 지식수준도 부족하기에 선민 일에 만족하고 있다. 매년 춘절(설날) 집에 가는 것 외에는 쉬는 날은 거의 없다. 부인은 절강성 소흥의 공장에서 일하고 있는데 만약 배가 소흥에 도착해서 정박하는 시간이 길면 부인에게 가서 2~3일 정도 만날 수 있지만 정박 시간이 짧으면 만나러 가기 어렵다. 최근 몇 달간 소흥의 부인을 만나지 못했다. 우 선생은 아이가 두 명인데 작은 아이는 10살로 외할머니가 키운다. 그는 가끔 아이를 배로 데리고 오기도 하며, 여름휴가 때에는 아이를 배로 데려와 함께 놀곤 한다.

배에서 나오는 생산 생활 폐기물을 어떻게 처리하냐는 질문에 대해 우선생은, 고체 생활 쓰레기는 직접 가지고 육지로 가고 화장실에서 나오는 오수는 하천에 직접 배출한다고 했다. 배에서 만들어내는 기름 오염은 별다른 여과 조치를 하지 않는데, 그는 정부가 알아서 처리할 거라고 하면서 구체적 처리방식은 잘 모른다고 했다. 운하에 있는 배의 화장실은 칸막이나 덮개가 없는 노천식으로 여성이 있으면 천막을 치기도 한다. 그는 정부가 환경 보호에 대해 비교적 엄격하게 관리하고 쓰레기 투기를 처벌하고 벌금도 매기며 예전보다 관리 강도가 높아졌다고 여기고 있었다. 그는 가흥 구간 운하 환경이 항주 구간처럼 좋지 않다고 하면서, 상해 - 소흥 - 항주 구간은 양안의 녹화와 인문경관이 좋은 구역이라고 느낀다고 했다. 그는 운하 교통질서가 좋아지고 연안 녹화도 좋아지면 기분이 좋아진다고 느끼며, 더 나은 통항을 위해 부두나 정박지에서 수자원을 공급해 주길 희망하였다. 주유소는 기름 넣을 때에만 물을 제공해 주고 기름을 안 넣으면 물을 안 주기에, 정박장들에서 물을 제공해주면 물탱크를 보충할 수 있으니 좋겠지만 현재는 이뤄지지 않고 있다. 물이 부족하면 간신히 버텨야 하니 씻는 것도 모두 운하 물로 씻어야 하고 다른 방법이 없다. 그는 선착장이 있는 곳에서 모두 무료로 물을 제공해 주길 바라고 있었다.

우선생의 미래 계획은 자기 배를 가진 '선장'이 되는 것이다. 그는 이제 운항 면허증을 취득했기에 혼자 배를 몰 수 있고, 돈을 모아 배를 사서 선장이 되고 싶어 한다. 그러나 호주湖州에서 온 리원李文은 우선생과 달리 배를 계속 타고 싶지 않고 이제 육지로 나가서 차 농사를 짓고 싶어 한다. 리원의 부모는 선민이지만 조부모는 농사를 지었기 때문에 우리는 그를 '제2대 선민'으로 분류했다. 리원은 호주에 있는 대학에서 일본어를 전공했는데 전문대 위탁 교육생이었다. 어릴 때부터 배를 탔고 커서는 공부를 해서 대학을 졸업하고 몇 년간 일을 했는데 수입이 너무 적어서 집안의 지원을 받아 500톤의 배를 구입했다. 2004년부터 운하에서 배를 타기 시작했는데 2004년 포동이 막 개발되어 모래와 자갈 장사가 특히 잘 되어 1년에 40~50만 위안의 순이익을 냈다. 2008년 경제위기 이후 벌이가 나빠졌고 2012년 시장 상황이 악화되어 운수업은 점점 어려워졌으며, 인부 고용 비용도 비싸서 그는 두 명을 고용했는데 남자는 2급 기관사였다. 2급 기관사는 한 달 6천 위안의 월급을 요구했고 부인도 함께 배에 타서 밥과 청소를 맡았다. 2008년 경제위기 전에 그는 800톤짜리 배로 바꾸었는데 머지않아 위기가 닥쳐 어쩔 수 없이 헐값에 배를 다른 선장에게 팔고 자신은 선주에서 선공이 되어 다른 사람 밑에서 일하게 되었다. 어느덧 배를 탄 지 여러 해 되어 이제 2017년 말에는 육지로 올라가서 호주 고향에 돌아가 100무畝(땅 단위, 1무=666.6m²) 차밭을 도급받을 계획이고, 차밭을 경영하는 게 선주 노릇보다 훨씬 낫다고 생각한다.

선민 마을에 사는 경리經理 선沈씨와 그의 '사회적 기억'

- 구술 시간: 2017.10.27.
- 구술 장소: 강소성 의흥 강저진江渚鎮 신동신촌新東新村
- 조사원: 류자오후이劉朝輝
- 녹음 정리: 리원원李雯雯
- 구술자: 선 경리(강저진 선운회사 경리 역임. 조사 당시 은퇴 생활하고 있었음)

1) 생애사

나는 2세대 선민이다. 할아버지는 소북에서 농사를 짓다가 기근을 피해 여기로 왔고 아버지는 배를 탔다. 해방 후 그들은 작은 배 하나를 몰았고, 우리는 저기 산간지역에 가서 풀을 싣고 석회를 태웠다. 하나는 석회였고 하나는 죽순이었는데 죽순은 주로 장저 지역에서 취급했고 그 지역에서는 토굴 재를 주로 구웠다. 토굴 재는 전국 각지로 운송되어 강소 소북으로도 가고 상해, 절강으로도 갔다. 나는 여동생이 5명 있었고 아버지가 우리 6남매를 키웠는데 나 혼자만 남자였다. 여덟 명이 모두 배에서 살았고, 내가 육지로 갔을 땐 큰 동생이 배에서 아버지와 함께 일했다. 내가 육지에 가서 공부하고 돌아온 다음엔 둘째, 셋째, 넷째, 다섯째 동생이 공부를 했다. 배에는 다섯 명이 있었으니, 나, 내 아내, 큰 여동생, 그리고 부모님이었다. 내 아래 작은 여동생들은 다들 육지에서 공부했다. 우리는 집이 따로 없었고 배가 바로 집이었다. 정말 집을 가진 게 언제였더라? 1970년 이후 조선소에 집단 기숙사가 있었는데 아이들은 침대가 있었지만 어른들은 배에 머물렀다. 1975년 이후 단위에서 집을 지어서 집을 나눠주기 시작했는데 결혼하면 한 사람이 방 반 칸이랑 침대를 받았고 화장실은 없었다. 1976년에 나도 한 칸 분배받았는데, 내가 역장할 때도 한 칸 분배받지 못했었다.

2) 선민의 '공사합영公私合營' 이야기

1958년 이전에는 배는 모두 개인 소유였다. 그 때는 배가 작아서 제일 큰 배도 30톤 정도밖에 안 되었고 가장 작은 건 7~8톤이었다. 1958년 우리 장저지역 일대 선민들은 '수상운수합작사水上運輸合作社'로 통합 편제되었고 1960년에는 '고급운수사'가 되었다가 1970~80년대엔 '항운회사'가 되었으니, '항운역'에서부터 '항운회사'까지 계속 바뀐 것이다. 2000년에는 우리 선민들이 다시 20년 만에 '개인 자영업자' 신분을 회복했다. 그 때 국유기업들이 해체되고 공장들이 편제를 고쳐서 개인 경영으로 바뀌었다. 우리가 모는 배는 반세기동안 계속 변화를 많이 겪었다. 1970년 전후로 목제선이 콘크리트선이 되었고, 운하에서 운행하는 배는 기계화되기 시작해서 조그만 외부 엔진을 장착하고 3~4척의 작은 목선들을 끌고 다니게 되었으니, 보통 300톤, 작으면 80~100톤을 끌고 다녔다. 5년 정도 지나서 1975~1976년 이후 1983년까지 배는 다시 철제선으로 바뀌었다. 콘크리트배는 사실 과도기 역할을 했는데 왜냐하면 콘크리트배는 사고율이 너무 높고 한번 부딪치면 구멍이 뚫렸기 때문이다. 1980년대에 국가는 여분의 철강이 있어서 46톤, 60톤 모두 있었고, 우리 단위에서 만든 가장 큰 것은 90톤짜리였다. 1988년 절정기 이후 내하 운송업은 화물이 없어서 하락하기 시작했다.

3) 선민의 일상적인 업무

선　나는 1983년부터 개인선 몇 개를 모아서 운영하다가 1991년 단위로 돌아와서 배를 팔았다. 더 이상 계속하기엔 사회적 압력이 너무 컸다. 임금 상승은 만족스럽지 않았다. 개인에서 집체로, 집체에서 항운회사와 항운역으로, 2000년부터는 다시 개인 자영업자가 되었다. 이게 중국 특색의 사회주의다. 발전 과정에서 개인 자영업자로 바뀌는 과정이 빨랐는데, 그들이 회사에서 나가고 나서 자금 문제가 있어서 돈을 빌리고 대출을 받았고, 어떤 이는 100톤짜리 단기선을 몰고 어떤 이는 200톤짜리 소형 배를 모는 상황이 5년쯤 지속되었다. 2007년쯤 개인 자영업자들은 배에 기계를 설치하기 시작했는데 후미에 설치한 것이 바로 스크루배다. 나중에 오염이 있어서 나라에서 도태시키려 해서 소형 선실 배가 발전하게 되었다. 수운 가격은 시장경제에 따라 항상 움직였다.

류　대체로 어느 정도 가격이었나?

선　장저에서 무석까지 10위안인데, 지금도 그 때처럼 10위안에 1톤이다. 많아봐야 1위안 더 많다. 운임은 500위안에서부터 1천 위안, 2천 위안까지 있고, 2007년 가장 높았을 땐 7천 위안까지도 올랐었다. 나중엔 다시 5천 위안으로 떨어졌다. 기름 값도 한때 8천 위안에 달했었는데, 어느 회사가 그걸 감당할 수 있겠나? 보통 사람들은 돈을 벌지 못하고 빚을 지는 거다. 나는 대체로 5년 전까지 뱃일을 해서 지금도 배타는 사람들과 왕래한다. 그 후에 700톤, 800톤짜리 배들도 있으니 톤수가 커지고 있다.

류 톤수가 그렇게 커지면 운하가 감당할 수 있나?

선 강줄기는 변하는데 자연현상도 있고 인공적 현상도 있다. 예를 들어 의흥운하는 원래 200톤이 다니기 적합했는데 나중엔 400톤도 지날 수 있게 되었다. 지금 대운하는 1,500톤도 감당할 수 있다. 내하도 정비되어서 의흥, 무석 구간들 다 그렇다.

류 제방을 견고히 만드나? 아니면 진흙을 제거하나?

선 배가 이 항로 안으로 들어오면 자연스럽게 깊어진다. 200톤, 나중엔 400톤도 가능한데 배가 진흙들을 끌고 가서 부두에 진흙이 쌓이게 된다.

류 왜 이 배가 휘젓나?

선 프로펠러 때문이다. 아래쪽에서 돌면서 진흙을 돌려 푸석푸석하게 만든다. 큰 배는 최대 700톤도 된다.

류 그리고서 큰 배가 진흙을 갖고 가는 거군.

선 그럼 어떤 문제가 생기냐 하면, 하도가 싶어져서 양쪽 기슭이 무너져 내리고 진흙이 아래로 떨어진다. 지금 이 운하에는 원래 진흙 기슭이 없었는데 지금 이렇게 만들어진 거다. 하도가 깊어지고 바닥이 깊어지면 기슭이 비게 된다. 정비하고 말뚝을 박는다. 부근 논밭은 모두 진흙 기슭이 굳어서 생긴 것이다. 그러니 지금 물이 많아도 실제로는 500톤, 600톤 짜리들이 나 갈 수 있다. 생활 조건이 좋을 땐 배도 컸는데 이제 수운은 부진하다. 작년부터 올해(2017) 상반기까지는 괜찮았는데 지금은 바닥이다. 일단 광산도 적고 재료 가격이 높아져서 운송하기 어렵다.

류　그럼 운임은?

선　운임은 시장경제에 달려 있다. 그런데 운임은 아무도 관여하
　　지 않는다. 국가도 관리 안 하고 운수처도 운임은 관여 안 한
　　다.

류　관리를 아무도 안 하는데 운임을 올리면 안 되나?

선　만일 내가 운임을 올리면 사람들이 내 배를 이용 안 하겠지.
　　서로 경쟁하는 거니까. 이게 바로 시장경제다.

류　당신이 기억하기에 운하 물은 언제 마실 수 있었나?

선　물은 먹고 마시고 했었다. 1970년대에 운하 물을 길어서 명반
　　을 넣고 가라앉혔던 기억이 있다.

류　운하 물을 마실 수 없던 건 언제인가?

선　배가 기계화되고 나서인 것 같다. 1970년 이후, 1975년, 1976
　　년 이후로 못 마시게 된 것 같다. 기계가 진흙을 휘젓는 것도
　　있지만 기계 자체가 폐유를 만들어내는데 그게 언젠가부터 갑
　　자기 운하에 흘러들어가더라.

류　오염이 제일 심할 때는 언제였나?

선　제일 심했을 땐 여기 제지공장, 시멘트공장 있을 때다. 우리
　　장저 지역은 그야말로 검은 물구덩이였다. 황색도 아니고 진
　　짜 검은색이었다. 환경보호 부서에서 와서 조사하고서 공장들

을 옮기기로 했는데 제지 1공장과 2공장 중 하나는 국영기업이고 하나는 사영기업이었다.

류 　제지공장 영향이 제일 크다.

선 　그렇다. 거기에 발전소, 석회공장, 시멘트 공장도 있었다. 운하 옆에는 콘크리트 공장 많았고 이 쪽에도 온통 석회 공장들이 있었다. 2000년에 공장 옮기고서 우리는 부두를 만들었는데, 밤에 오토바이 타면 번개칠 때 먼지가 비처럼 쏟아지더라.

류 　그게 1980년대 중반인가 90년대인가?

선 　90년대부터 2000년까지가 장저가 가장 오염이 심했던 시기다. 여기저기 철강공장이랑 석회공장이 있었다.

류 　그럼 언제부터 정비가 되었나?

선 　2002년부터 동쪽과 서쪽 부두가 깨끗해졌다.

류 　저기 운하는 오염되었겠네.

선 　저 쪽 운하 오염은 환경보호국이 개편되고 기술도 좋아져서, 광산과 석회가 집중되었지만 오염은 적다. 배출되는 오염물질도 나아졌다. 여기 광산과 콘크리트 도로는 환경이 별로 안 좋아서 양쪽에 나무를 심었다. 실제로는 길이 두 개인데 하나는 출구고 다른 하나가 입구다. 그리고 먼지 흡수, 승강기 같은 조치도 하고, 부두에 물도 뿌린다.

류 　지금 우리는 무석, 의흥이 가장 친환경 기업이 많은 곳이라고 알고 있지만, 예전엔 오염이 제일 심한 곳이었다.

선　오염이라면 사실 의흥이 오염원이었다.

류　내가 인터넷으로 조사해 보니 의흥이 친환경 기업이 가장 몰려 있는 곳이더라.

선　정부가 신경을 쓰면서 환경은 확실히 좋아지고 있다. 다른 광산이 따라오지 못할 정도다. 솔직히 2000년 이후에 의흥에 대해 굉장히 엄격하게 정비했다. 우리는 여기 사는데 밤이나 낮이나 공기가 맑아서 좋다. 예전엔 여기 콘크리트 공장 3곳, 석회공장 3곳, 철강 기계 5~6대가 있었는데, 점점 정비하면서 2002년에 철저히 정리해 버렸다. 진짜 오염되었던 건 1990년부터 2000년까지 10년 정도다. 왜냐면 사실 이런 공장들은 그냥 기계만 사면 되니까. 부두 하나 만드는데 2~3만 위안이면 되고, 배를 운행하면 5만 위안을 버니까. 우리가 만든 부두가 마지막 부두였다.

류　그럼 2002년 쯤 부두가 전부 폐쇄된 거군.

선　그렇다. 동쪽 서쪽 모두 폐쇄하고 저쪽으로 집중했다.

4) 선민의 생활 세계

류　예전엔 여자들은 배로 시집오기 싫어하지 않았나?

선　그때는 배를 타는 여자들은 육지로 가고 싶어했고, 육지에 사는 여자들은 배로 시집오고 싶어했다.

류　그게 70년대인가?

선   70년대부터 여자들이 배로 시집오려 했다. 그게 바로 우리 세대다. 80년대부터는 달라졌다.

류   그럼 당신 말처럼 1970년대에 여자들이 배로 시집오고 싶어한 건 왜 그런가?

선   배를 타면 수입이 좋으니까. 생활 조건도 좋고 월급도 높았다. 육지에서 일하는 사람들 돈 별로 못 벌 때 우리는 돈을 많이 벌었다.

류   그렇지만 당신과 함께 부인도 배에서 살고 싶어했나?

선   아니다. 아내는 배에 오지 않고 육지에서 살았다.

류   그러니까 여자들은 배를 타는 남자에게 시집와도 여전히 육지 집에서 살았다는 거군.

선   그렇다. 예를 들어 친정부모나 시부모랑 같이 사는 거다. 나중에 형편이 좋아지면 다시 분가해서 집을 짓는다. 80년대에는 달라졌다. 부인들이 배를 타길 싫어해서 선민들 모두 부부가 같이 지내는 시간이 짧고, 부부가 서로 일을 도와줄 수 없게 되었다. 나중에 그럼 어떤 문제가 생겼다면, 선주들이 육지로 간 건 원래는 기술을 배우러 간 건데 나중엔 여자와 결혼해서 그냥 육지에서 살고 싶어하게 되었다.

류   그럼 선민들은 배 위에서 밥을 먹었나?

선   우리는 알아서 밥 해먹었다. 배에 풀이 있으니까 그걸 장작 삼아서. 배 위에서 혼자 생활하고, 부두에 가서 먹을 것 사가지고 오는 거다. 지금은 생활여건이 좋아졌다. 배에도 냉장고랑 에어컨도 다 있으니까.

류 그럼 목선을 탈 때 문제는 없었나? 배 안에서 불 지피면 불날 수도 있는데.

선 불 안 난다. 나중엔 알탄으로 바꿨다. 작은 연탄인데 지금 파는 것과 다르다. 달걀처럼 생겨서 알탄이라고 불렀다. 밥먹을 땐 정말 많이 먹었다. 그땐 찐밥이었다.

류 고기는 많이 먹었나?

선 그땐 형편이 안 좋았고 몇 단계 거쳐왔다. 1963년 이후엔 생활여건이 좋아져서 고기를 먹기 시작했지만 그 전에 1960년엔 설날에도 고기 별로 못 먹어서 힘들었다. 그 때 3년간 자연재해가 있었고 소련이 빚 갚으라고 독촉하니 마오쩌둥이 빚갚느라 정신없었지. 나중에 일부 사람들이 채소 사가지고 배로 왔다. 어쨌든 다른 곳으로 가면 육지에 갈 수 있으니까. 그 땐 모두 나라 밥을 먹었는데 선장이건 선원이건 다들 배 위에서 살면서 밥해서 먹었다.

류 그땐 한가족이 배에서 같이 살지 않았나?

선 한가족도 있었고, 아닌 경우도 있었다. 일반적으로는 한 배에 한 가족이 한 조組였다. 우리 예인선 팀은 처음엔 4명이었는데 나중엔 3명으로 바뀌었다. 한 번 근무할 때 8시간이다. 중간에 사람들이 대기하고 있다. 10일간은 내가 대기를 하고 나머지 두 사람이 일을 하는데, 상황에 따라서 내가 추가 근무를 하기도 했다. 위험한 지역에 가면 내가 추가 근무를 했다. 나중엔 두 사람이 배 하나를 몰게 되었다. 4명에서 3명에서 2명으로 된 거다. 사람을 구하기 힘드니 돈이 더 많이 들어가고, 그러니 회사들도 감당 못하고 지원하는 사람도 많지 않았다. 노동력은 점점 줄어들어서 사람을 아무리 구하려 해도 구할 수 없게 되었다. 여기서 태어난 젊은이들도 육지로 가고 싶어하지 배를 타고 싶어하지 않으니까. 선민들도 자기 아이를 선민으로 만들지 않고 육지로 가서 공부하게 한다.

5) 운하 유산과 선민

류   운하는 이제 문화유산이 되었다. 세계문화유산이다. 이런 유산과 당신 운수업은 무슨 관계가 있나?

선   문화유산은 문화유산일 뿐이지, 뭐, 그런다고 우리가 배를 운항 안 하는 것도 아니고. 배 운임이 (다른 운송 수단보다) 제일 싸니까.

류   그럼 운하가 문화유산이 되건 말건 당신 선민들이 배를 모는 것과는 상관없네.

선   시내 항로, 무석, 소주 같은 구간은 문화유산에 적합하지. 시내를 지나는 항로는 바깥에 하천을 만들 수도 있고.

류   외국의 어떤 운하는, 유럽의 경우엔 문화유산 되고서 관광명소가 되었다.

선   그건 우리도 발전시킬 수 있지. 방금 당신이 알려줬으니까. 우리도 발전시킬 수 있다.

류   그럼 사람들이 여기 와서 뭘 보면 될까?

선   운하는 사람 힘으로 개조할 수 있고, 예쁜 경치도 만들 수 있다. 나는 우리 의흥 지역에 동궤東氿와 서궤西氿가 있는데, 만일 배가 안 다닌다면 관광지로 개발할 수 있다고 항상 생각했었다. 동궤와 서궤는 우리가 태호처럼 멋지게 만들 수 있고, 배가 안 다니게 되면 완전히 관광지로 만들면 된다. 언젠가 우리 의흥에 배가 안 다니게 되면 관광지로 개조되는 거다.

류   그럴 거다. 선민들 운임이 이렇게 낮으니 돈도 많이 벌기 어렵고.

선   시진핑 서기가 말하는 '아름다운 중국'은 자연환경이 좋을 뿐

아니라 아름다워야 한다는 거다. 부유하고 부강하기만 한 게
아니고 아름다워야 한다는 것. 아름다운 중국이 되어야 하고,
아름답게 발전시켜야 한다는 거다. 내하 운송업은 아직은
10~20년 더 하겠지. 지금은 자재를 배 외에 다른 길로도 운반
할 수 있고 도로로 옮기잖아. 바깥의 저 부두를 더 넓히면 이
내항은 완전히 없어져 버리겠지. 만약 이 물에서 우리가 배를
못 몰게 되면 관광지가 되어야겠지. 기껏해야 10~20년이니,
아마 20년 후에는 그렇게 될지도 모르겠다. 이 도로나 집이나
다들 배가 필요없어질 테고. 동궤와 서궤를 태호와 연결하면
수질은 더 좋아질 거다.

류   여기 물은 굉장히 더러워 보인다.

선   더럽긴 한데 수질은 좋아지고 있다. 운하에 있는 야생 물고기
     들은 먹을 수 없다. 먹으면 입안에서 좀 냄새가 난다. 예전엔
     물고기가 없었다. 우리가 여기서 수운을 할 때 다들 운하 물을
     직접 먹었었다. 그 때는 물이 맑았다. 나는 어릴 때 물에서
     생활했는데 새우를 직접 잡아먹었다. 1970년 이후부터는 그럴
     수 없게 되어버렸다. 발전이 너무 빨랐고 기계화가 되어서 엉
     망진창이 되었다. 2002년부터 광산을 폐쇄하고 제지공장이랑
     시멘트 공장도 다 정비하게 되었다.

원(다른 조사원) 부인도 당신과 함께 배를 탔나?

선   아내도 나와 함께 배를 탔다. 나중엔 내가 육지로 올라갔는데도
     아내는 배를 8년 탔다. 아내는 힘들다고 이야기한 적이 없다.
     정말 고생 많았다. 그 때는 다른 사람과 함께 아내가 일했다.

206

원   당시 어떤 배였나?

선   예인선이었다. 45톤짜리 작은 배였고 두 사람이 탔다. 쉬는
     날과 휴가 때 빼고는 항상 일 년 내내 배에 있었다.

원   그럼 신분증은 단위제單位制 시행하고 나서 가지게 된 건가?

선   신분증은 있었다. 우리는 선민증 있었고 지금도 선민증을 사
     용한다. 우리같은 선장들은 운전면허증과 조종 자격증도 있
     다. 당시엔 못 살아서 사진을 찍거나 하지 않았었는데 신분증
     만들 때 처음으로 정식 증명사진을 찍었다.

원   그럼 신분증은 대체로 몇 년부터 사용한 건가?

선   1990년 쯤인 것 같다. 우리는 신분증을 쓸 일은 별로 없고 선
     민증을 쓸 일이 많다. 우리는 선민증이 바로 직업증명서니까,
     공장에서는 간부 노동자들이 직업증명서가 있지만 우리는 선
     민증이 있었다.

원   그럼 신분증 발행하고 나서 통일된 거네.

선   그런데 우리 배 위에서는 선민증이 반드시 있어야 한다. 선민
     증이 없으면 안 된다. 직업증명서는 오직 어떤 직위에 있는지
     를 알려줄 뿐이다.

류   알겠다. 인터뷰 감사하다.

③ 즐거운 운하 선민 장 선생

- 구술 시간: 2017.11.26.
- 구술 장소: 항주 의교 부두
- 조사자: 장위張煒
- 구술자: 장 선생(56세, 경력 40년, 안휘 출신, 초등학교 졸업)

나는 16살에 배를 타기 시작했고 삼촌도 함께 배를 탔는데, 그 땐 우리 둘이 인력선人力船을 몰았다. 그 때는 어려서 사리분별을 잘 못해서, 그냥 어른들이 하라는 대로 했고 어른들을 따라다녔다. 그 때는 9톤짜리 목선이었고, 잠잘 자리도 없었다. 배에는 간신히 두 사람 탈 수 있었고, 먹을 건 고구마밖에 없어서 햇빛에 말려서 면이랑 같이 먹었다. 그 때 수입은 다른 사람들보다 좋았지만 지금 수입은 다른 사람들보다 못하다. 나도 이 직업에는 당연히 불만이 있지만 지금까지 바꾸겠다고 생각한 적은 없다. 내 아들은 대학에 가고 싶어하지만 나는 평생 배를 탈 거다. 내 아들은 나가서 장사하고 싶어하지만 나는 육지에 가고 싶지 않다. 배에서의 생활은 굉장히 지루하긴 하지만 별 수 없다. 배를 안 몰면 안 된다. 어쨌든 배에서 밥을 먹고 심심하면 음악을 듣거나 휴대폰을 본다. 우리는 일하고 쉬는 시간이 규칙적이지 않고, 수문이 열리는 시간도 일정하지 않고 언제 갈 수 있을지 모르니까, 지금 이렇게 당신과 대화하고 있다가 갑자기 갈 수도 있는 거다. 지금 내가 여기 머문 지 3일째 되었는데 아직 화물 못 내렸다. 제일 길게는 보름 기다린 적도 있다. 어쩔 수 없다. 사흘 뒤엔 이 배 다 채워야 하고, 갑문은 수리한다더라. 내년(2018) 4월에나 수리될 거다. 나는 여유시간 있을 땐 바닥 닦고 밥짓고 그런다. 밖에 나가는 일은 거의 없다.

나는 성격이 난폭하지는 않다. 사람이 배 모는 것과 성격이 관련이 있는데, 서두르면 쉽게 사고가 난다. 다른 사람이 지나가는 걸 기다리고 나서야 내가 지나가야 한다. 난 오랫동안 일했으니까 언제 갈 수 있을지 딱 보면 알고, 경험이 많으니까 어떤 일이 생겨도 어떻게 처리할지 안다. 나는 초등학교만 나왔다. 항로는 머릿속으로 기억한다. 내가 다녔던 길 같은 건 모양을 기억해 둔다. 우리는 글자를 모르니까 머리로 기억해야 한다. 공신교 부근에서는 다른 배와 부딪치지 않게 피하고 양보해야 한다. 처음에는 신호등에 익숙하지 않았다. 배는 브레이크가 없고 물이 흘러가는 속도는 통제하기 어려우니 물의 흐름에 따라 흘러다니는 거다. 신호등이 없을 땐 그냥 피하고 양보할 수밖에 없었다. 누가 새치기해도 양보했다. "한 번 양보하면 세 번 덕을 본다"는 말이 있다. 양보하는 게 좋은 거다. 신호등 설치하고는 좀 편해졌다. 지금 사람들은 성급해서 양보 잘 안 한다. 우리 입장에선 신호등 생긴 게 좋다. 우리는 피하고 양보하는 걸 잘 하니까. 어떤 사람들은 자기 거주지역에서 다른 배에 양보 안 해 준다. 자기가 그 지역의 주인이니까 다른 배가 양보하는 게 당연하다고 생각한다. 그럼 우리가 그냥 양보해 주면 모든 문제가 다 해결된다. 안 그러면 싸움이나 다툼이 생긴다. 싸움은 늘상 있는 일이다. 싸움 끝나고 나면 해사 부서 당국에 보고하고 처리하는데, 성질을 못 참는 사람들은 화를 내면서 또 뭐라고 한다. 해사 당국이 와서 누구 책임인지 판정하려 하는데, 배의 부딪친 모습을 보면 누구 책임인지 안다. 나는 항로에 익숙하니까 다른 배들과 부딪치지 않는다. 미리 피하거나 양보하니까.

운하는 세계의 것이다. 아주 오래 전부터 있었잖나. 운하는 우리가 물건을 나를 수 있게 도와준다. 나는 평소에도 운하 사진을 찍는다. 작년부터 스마트폰을 사용해서 찍기 시작했다. 어플에 선박 입출 시스템이 있다. 매번 어느 지역에 갈 때마다 원래는 해사 부서에 가서 비자를 받아야 했는데 지금은 그럴 필요 없이 휴대폰으로 처리할 수 있다. 우리는 세상사를 따라가야 하니까 스마트폰 있어야 한다. 배에는 반드시 당직자가 있어야 하고, 지켜보는 사람 있어야 한다. 배가 여기 서있는데 다른 배가 지나가다 부딪칠 수도 있고, 물건을 잘 보관하지 않으면 다른 사람이 가져갈 수도 있다. 해사 당국에서도 당직 서는 사람이 있어야 한다고 요구한다.

④ '닭에게 시집가면 닭을 따라야 하고 개에게 시집가면 개를 따라야 한다'는 여성 선민

- 구술시간: 2017.12.9.–12.10.
- 구술장소: 영파 삼강구三江口 부두
- 조사자: 자오옌趙嫣
- 구술자: 두都 아주머니(50세, 절강성 의오義烏 출신. 남편은 절강 호주 장흥현長興縣 사람이며 1대 선민으로서 어린 시절부터 누나에게 배모는 일을 배웠다. 결혼 후 계속 육지에서 살며 옷장사와 음식점을 하다가 지금은 배로 돌아온 지 1년 넘었고 선원으로 일하고 있다.)

자오 당신은 이 직업에 만족하나?

두   만족 안 한다. 너무 힘들다.

자오 아주 불만족스럽나?

두　아주 불만족스럽다.

자오 아주 힘드시네.

두　어쩔 수 없다. 남편이 사람을 아무리 찾아도 구하기 힘드니, 내가 안 할 수가 없다. 고민고민하다가 결국 포기하고 이렇게 뱃생활하게 되었다.

자오 결혼한 지 얼마나 되었나?

두　20년 정도 되었다.

자오 20년이라… 그럼 당신은 남편이 배를 타기 전에 결혼한 건가? 아니면 남편이 선민이 되고 나서 결혼한 건가?

두　남편이 예전엔 배타지 않았다.

자오 그럼 남편이 나중에 배를 타게 되었을 때 당신은 동의했나?

두　동의 안 해도 동의한 거지. 남편이 그러고 싶다는데. 하하하.

자오 그럼 남편분, 당신은 왜 배를 타러 갔나?

두의 남편 생계를 위해서지.

자오 왜 다른 일을 안 하시고 배를 타셨나?

두의 남편 사람이 사는데 36개 업종 다 누군가는 해야 하잖나. 안 그런가?

자오 아… 그럼 당신은 원래부터 배를 몰 줄 알았나? 아니면 배를 타려고 기술을 배운 건가?

두의 남편 배웠다.

자오 아… 당신은 이 일이 좋은가?

두의 남편 좋고 말고가 어딨나. 일마다 다 다른 거지. 안 그런가?

자오 그럼 당신은 배 탄다고 할 때 부인이 좀 뭐라고 하지 않았나?

두의 남편 없다. 무슨 말을 하나?

자오 아, 그런가? 두 분이 같이 있는 시간은 짧았고, 떨어져 있는
    시간은 길었잖나.

두의 남편 배에? 둘이 배에 매일 같이 있지.

자오 지금은 그렇지만 예전엔 떨어져 사셨잖나. 그 땐 어떻게 하셨
    나?

두의 남편 자주 만나야지. 그래서 맨날 아내를 배로 데려왔지.

자오 하하. 아저씨가 아주머니를 계속 배로 데려오셨군.

두의 남편 그렇다. 아내는 죽어도 뱃생활 싫어했는데.

자오 당신은 죽어도 뱃생활 떠나지 않고?

두의 남편 그럼.

두   집에 있는 게 여기보다 훨씬 좋다. 지금은 햇볕을 너무 쬐서
    얼굴이 시꺼멓다. 배에서 지낸 지 1년이 되었는데 아직 적응

이 안 된다. 아주 힘들다. 작년에 집에서 여기로 왔다가 집에 돌아갔더니 사람들이 10년은 늙었다고 다들 그러더라. 햇볕을 쬐니까 단숨에 늙어버렸다. 몸은 좋아졌다. 배는 야외니까. 집 안에서는 전부 에어컨 아래 있으니까, 밤에도 에어컨, 낮에도 에어컨이니까 몸에 안 좋았다.

자오 그럼 배 운전하고 그런 역할 혼자 다 하나?

두의 남편 그럼.

자오 굉장히 힘들 텐데.

두의 남편 안 힘들다. 익숙해졌다. 익숙해지면 안 힘들다.

자오 선생님은 아내가 힘든 건 걱정 안 되나?

두의 남편 걱정된다. 그래도 어쩔 수 없다.

자오 두 분은 언제까지 일하고 그만두실 생각인가?

두의 남편 은퇴할 때까지 할 생각이다.

자오 두 분 배타시게 된 후 육지 지인들과는 연락 자주 하나?

두 전화 통화나 하지. 배에 오고 나면 내 생각엔 3~5년 정도 지나면 연락할 친척도 없어질 것 같다. 돌아갈 수가 없으니까.

자오 정말 힘들겠다.

두 그렇다. 진짜다. 1년 내내 얼굴도 못 보고. 설 때나 잠깐 가서 만날 수 있다. 평소에는 못 간다. 사장 도와서 배 몰아야 하고,

돈도 벌어야 하고. 돈 버느라 집에도 못 돌아간다.

자오 그러면서도 당신은 남편을 위해 기꺼이 이렇게 배를 타셨네.

두 (한숨 쉬며) 안 하고 싶어도 어쩌겠어. 남편 혼자 할 수가 없는데.

자오 남편 힘들까봐 마음 아프신 거군.

두 마음 아프지. 아프지. 남편도 배에 타고 싶지 않아했거든. 예전엔 간식도 팔고 옷 만들어서 옷가게도 했다. 배운 건 적다. 16살까지 학교 다녔는데 중학교 졸업하고는 더 이상 못 다녔다.

자오 지금은 가정주부 역할도 하고 계시네.

두 그렇다. 가정주부다. 남편이 배를 몰면 나는 청소하고 빨래하고 밥짓는다. 배가 멈추면 내가 밧줄 가져다주고, 갑문 통과할 땐 표 사러 가고. 할 일이 많다. 종일 쉴 틈이 없다.

자오 배타기 전에 걱정 안 되었나?

두 걱정됐었지. 처음 배에 올랐을 때 이야기하면 진짜 웃긴다. 하역장에 가면 '정박지'가 있는데, 내가 와서 줄을 가지고 거기까지 기어올랐다가 조롱박이 날아가 버렸다. 그 때 내가 거기 앉아서 펑펑 울었다. 하하, 진짜 놀랐다.

자오 이젠 다 익숙해지셨겠지. 몇 년이 지나서 익숙해지나?

두 아직도 적응 다 안 되었다. 1년 정도 되었으니까. 작년 5월 1일에 처음 왔다. 아직 익숙하지 않고 지금도 여전히 걱정된

다. 당신은 나중에 결혼하더라도 절대 해원海員이나 선원과
결혼하지 마라.

자오 처음에 왜 남편이 배타는 걸 막지 않았나?

두 말려도 방법이 없었다. 그 땐 일해서 돈버는 게 쉽지 않았다.

자오 결혼한 지 20년 되었는데 최근 몇 년간 비로소 같이 살게 되
었네.

두 맞다. 예전엔 같이 살지 못했다. 나는 의오義烏에서 장사했으
니까.

자오 남편은 20년간 밖에 있었고 당신 혼자 집에 계셨으니 힘드셨
겠다.

두 어쩔 수 없다. 우리 가정을 위해서는.

자오 당신이 배에 오르고 나니 남편의 생활의 질도 많이 좋아졌
겠다.

두 좋아졌지. 남자 둘이서는 청소도 별로 안 하잖나. 여자는 안
그러니까. 좋아졌다.

5 **은퇴한 옛 선민의 역사적 기억**

• 구술시간: 2018.5.9.
• 구술장소: 항주 교서橋西 역사문화 거리

- 조사자: 류자오후이
- 구술자: 페이費 선생(1949년생으로 본적은 강소성 양주 보응현寶應縣이다. 은퇴하기 전에 항주선운회사에서 일했다.)

류 아버지도 배를 타는 선민이셨나?

페이 그렇다. 아버지도 원래 배를 탔었다.

류 그럼 할아버지는?

페이 농사를 지으셨다.

류 보응현에서?

페이 그렇다.

류 그럼 나중에 왜 배를 타시게 되었는지 아는가?

페이 예전에 농촌의 경제 수입은 적었고, 배를 타면 먹고 살 만했다. 지금으로 따지면 장사하는 거다.

류 당신은 어릴 때 배에서 자랐는가?

페이 나는 7살에 배에 올라왔다. 그 전에는 육지에서 할아버지, 할머니와 살았다.

류 예전엔 육지에 집도 있었나?

페이 초가집이었다. 그 때 생활은 힘들었다.

류 당신 부모님은 배에서 사셨겠네?

216

페이 그렇다. 부모님은 배에서 살았다. 우리는 강소에서 상해로 옮겨갔고 나중엔 풍경楓涇으로 옮겨갔고, 상해 금산金山에 있다가 여항餘杭으로 가서 최종적으로 항주에 왔다. 왔을 때 1958년이었다.

류 그 때 당신 가족은 배를 갖고 있었나?

페이 맞다. 배 갖고 있었다.

류 그럼 공사합영은 언제?

페이 1953년이다.

류 그 때 당신은 3~4살이었겠네. 당시 부모님 배는 몇 톤 정도였나?

페이 대략 6톤 정도.

류 당시 공사합영 상황을 기억하는 게 있나?

페이 공사합영은 내가 잘 안다. 왜냐면 문화대혁명 때 우리 사유재산을 되찾아야 했으니까. 부모 재산은 단위(직장)에 속해 있었는데, 문화대혁명 때 조반해서 그 돈을 우리에게 돌려줘야 했다.

류 1953년 공사합영 때 배를 국가에 냈나?

페이 그렇다. 단위에 냈다.

류 그리고는 단위에서 당신에게 돈을 줬나?

페이 아니다. 투자 같은 거였다.

류 그냥 등록한 거군. 그럼 나중에 언제 돈을 줬나?

페이 그 때 좀 뻔뻔했다. 그런데 우리는 증명서가 있었으니까. 우리에겐 배가 있었고, 그 배로 투자했고, 작은 규모에서 점점 발전했다. 나중엔 단위에서 평가할 때 180위안으로 평가되었다. 문화대혁명 때 우리 집은 가난하고 먹을 게 없어서 돈을 돌려받으려 했는데 단위에서 윗사람들 다 바뀌었고 죽었다고 말하더라. 나중에 자본이랑 이자 더해보니까 총 300여 위안 되더라.

류 나중엔 모두 받은 건가?

페이 그렇다. 몇 번 나눠서 받았다.

류 문화대혁명 시기에는 어땠나?

페이 문화대혁명이 정식으로 시작된 건 1966년 5월 16일이잖나. 3차례 나눠서 주더라. 1968년부터 주기 시작해서 3번 나눠서, 1년 넘게 걸려서 다 끝났다.

류 당신은 그 때 배를 탔나?

페이 그 때는 성과 시에 규정이 있었는데, 우리 단위는 시급市級에 속해서 시급 단위는 시 내부와 작은 항구에서만 다닐 수 있었다. 작은 배는 작은 항구와 지류로 다녔다. 항주 가흥 평호 부근의 작은 항구 지류들이다.

류 그 땐 주로 어떤 화물을 운송했나?

페이 석탄, 채소, 과일, 설탕 등 다양했다.

류 당신 가족도 배에서 살았나?

페이 그럼. 배가 집이었지. 먹고 싸고 다 집에서 했지.

류 가족이 이렇게 작은 배에서 다 같이 살 수 있었나?

페이 살려면 살지. 그 때 애들은 지금과 달라서, 그냥 고양이나 강아지처럼, 내버려두면 되는 거였으니까. 끈으로 묶어두고. 여기저기 기어다니고 그러다가 운하에 떨어지는 애들도 있고 익사하는 애들도 있었다. 그 때 배도 전혀 위생적이지 않았고, 7~8명의 아이가 모두 배에서 사는 가족도 있었다. 그 때는 출산제한이 없었거든.

류 그 때 육지에 집이 있었나?

페이 없었다. 배가 곧 집이었다.

류 아, 단위(직장)에서 집을 안 줬나?

페이 그 때는 없었다. 1960 몇 년 이후에 단위가 좀 발전하면서 공장과 집을 지어서 집을 나눠주더라.

류 부인도 배를 타는 분이었나?

페이 맞다. 부인은 항주 사람이 아니고 여항 사람이다. '늙어서까지 배를 타도 풀보다 못한 존재'라는 말이 있다. 철공, 두부장수, 뱃사공은 세상에서 제일 힘든 세 가지 일이다.

류 그 땐 여자들이 당신 같은 분들과 결혼하기 싫어했겠지?

페이 그렇다. 그런데 해양 선원海員은 대우가 좋아서 여자들도 좋아했다.

류　당신은 예전엔 배에서 무슨 일 하셨나?

페이 기관장이었다. 총기관장.

류　당신은 언제 은퇴했나?

페이 2008년.

류　그렇게 늦게까지 일하셨나?

페이 61세에 은퇴한 거다. 44년간 일했는데, 사실 배에 있었던 기간이 길진 않다.

류　예전에 배에 있다가 육지로 갔던 적이 있다는 뜻인가?

페이 그렇다. 배에 몇 개월만 있었다. 문화대혁명 때 지도반領導班에 들어갔었다.

류　아, 조반파셨나?

페이 조반파는 아니고 '사청四淸' 업무를 맡아서 정치 심사하고 조사를 했다.

류　아, 그 후엔 쭉 육지에 계셨군?

페이 그렇다. 나중엔 내가 행정을 안 하고 기술을 배웠다. 기관 일을 배웠다.

류　그런데 기관 일 배우고서 배를 안 몬 건 왜 그런가?

페이 수리를 맡았다. 나는 배가 지나가는 소리 들으면 기관에 무슨 문제 있는지 바로 알 수 있다.

류 대단하다. 당신은 계속 교서 지역에 살았나?

페이 원래는 근산면艮山門에 살았다.

류 아, 당신들 모두 다른 지역에서 왔군.

페이 전국 각지에서 왔다.

류 언제 오셨나?

페이 나는 1981년에 왔다. 그 다리 근처에 살았다가 나중엔 이사 갔다. 거기 다리 공사를 해서 뒤쪽으로 이사갔다가 2009년에 다시 이 쪽으로 왔다.

류 그 때 운하를 세계문화유산으로 등재 신청하기 시작한 걸 알 고 있었나? 당시에 운하를 유산으로 신청하려고 당신들께 어 떤 일을 부탁했나?

페이 우리에게 어떤 일을 하게 했냐고? 당직 맡아서 순찰하고 길 안내 하고 자원봉사했지.

류 아, 그게 제일 좋지. 사람들이 쓰레기 버리는지도 지켜보고.

페이 쓰레기 버리는 사람 있으면, 위생은 우리 모두에게 달려있다 고 말하면서, 이번엔 봐줄 테니 다음엔 다시 버리지 말라고 말하는 거지.

류 그것도 참여지. 그럼 당신은 운하가 문화유산이 되는 게 당신과 어떤 관계가 있다고 생각하나?

페이 어떻게 관계가 없겠나? 어머니 같은 운하인데. 운하가 없었으면 우리도 없잖나. 대운하에 대해 우리는 깊은 감정이 있지. 우리 항운회사도 운하에 의존하고. 이 강이 없었으면 배도 못 다니는데. 이건 조상이 남겨준 유산이니까 우리가 잘 아끼고 잘 활용해야지. 시진핑도 그렇게 말했고.

류 그럼 우리 생활과 관련이 있는 거네. 운하 옆에서 살아가니까.

페이 그럼. 대운하는 예전에 국가에서 돈 많이 썼다. 강둑도 다 만들었다. 밤에 유람선 타고 돌아다니면 보기 좋다.

류 맞다. 경관 잘 해 놨다. 물도 좋아졌지?

페이 문화대혁명 전에, 해방 초에는 물이 좋았다. 아주 좋았다.

류 해방 전에는 어땠나?

페이 운하 물을 마실 수 있었다.

류 언제부터 운하 물을 마실 수 없게 되었나?

페이 1960년대부터 대약진하면서 공장이 많아졌다. 1958년 이후에는 섬유공장, 화학공장, 방직공장, 황산공장에서 온갖 오물을 다 운하로 배출했다.

류 대약진 시기에?

페이 그렇다. 공업 발전하느라고.

류 제일 심했을 때가 언제인가?

페이 제일 더러웠을 때는 1990년대였다. 외국인이 소주나 무석에 올 때 당서塘栖를 지나가면서 이미 항주에 도착했다는 걸 알 수 있을 정도로 운하에 악취가 하늘을 찔렀다.

류 그 땐 어느 정도로 더러웠나?

페이 운하 바닥이 안 보였다. 수심이 10센치 밖에 안 되는데도 밑바 닥이 안 보이고 먹물처럼 까맸다.

류 냄새도 안 좋았겠네?

페이 그렇다. 국가에서도 정비에 꽤 돈 많이 투자했다.

류 언제부터 수질 정비를 하기 시작한 건가?

페이 대략 1999년 전후다.

류 삼보갑문 개통은 언제인지 아나?

페이 내가 기억하기로 1990년대일 거다. 전당강 물이 내려오면 오 물이 흘러내렸다.

류 물이 살아났나?

페이 그렇다. 공장을 철거하고 옮겨가게 했으니까. 교외 지역으로 옮겼다.

류 지금 배타고 지나가다 보면 양안에 공장 아직 많이 보이던데. 일부만 옮겨갔고 일부는 생산을 중지한 건가?

페이 여기 공장에서 배출하는 물은 정화된 물이다. 환경에 영향을 안 준다.

류   아. 그러니까 공장의 환경보호 기술이 이전보다 나아졌다는
      거군.

페이 그렇다.

류   그런데 제가 만난 어떤 선민들은 여기 공장들이 여전히 몰래
      오물을 버리는 것 같다고 하더라. 어떨 땐 신고도 해보는데
      항구 감독부서에서 안 온다고 하더라.

페이 항구 감독부서 관할이 아니다. 그들은 항운을 관리한다.

류   관리부서가 많아진 것도 꼭 좋은 건 아니다. 지금 관리도 문제
      가 되고 있다. 운하 하나에 항운 관리하는 항구감독부서, 오염
      관리하는 환경보호부서, 관개 배수 관리하는 수리부서, 문화

유산 등재 관리하는 운하종합보호센터가 있다. 이런 관리체제에 문제가 있다고 보지 않나?

페이 관리 측면에선 예전보다 훨씬 좋아졌다. 이제 운하는 육지처럼 신호등이 생겨서 배가 많아도 서로 다툼이 없어졌다. 관리가 잘 되는 편이다. 원래는 바다 용왕 아들이 지나가려 해도 몇 번 부딪쳐야 했는데 말이다.

류 아, 다리 통과 관리가 잘 되고 있다는 거군.

페이 그렇다. 그리고 이제 배도 적다. 예전엔 우리 회사에 배도 사람도 많았다. 21개 선단이 있었다. 작은 배라 덜거덕거렸고 밤에는 시끄러웠다. 밤에는 나팔소리가 부웅부웅 울렸고 기적소리가 굉장히 시끄러웠다. 이젠 시내에서 기적 소리내지 못하게 되었다.

6 운하 유산 보호에 마음 졸이는 지柴씨

- 구술 시간: 2017.12.03.
- 구술 장소: 항주 의교 부두
- 조사자: 류자오후이
- 구술자: 지柴씨 선민

우리는 항주 운하 공신교에 신호등 설치하는 문제를 가지고 이야기를 나누면서 문화유산에 대한 이야기까지 하였다. 2016년 4월 운하를 다니는 배 한 척이 공신교의 옛 교각을 긁었고 운하 관리 부서에서 주목하여, 항주시는 회의를 열어 공신교 양쪽에 신호등을 설치하고 다리 양쪽의 선박들이 한 시간씩 돌아가며 공신교를 통과하기로 결정했다.

류 신호등 문제에 대해 당신이 반대한다는 걸 들었다. 그럼 어떻게 해야 하나? 이 다리를 보호하기 위해 어떻게 해야 할까? 365일 중 364일 동안 문제없더라도 딱 한 번만 부딪쳐도 끝나는데.

지 이 다리에 대해선 내가 분명히 이야기할 수 있다. 신호등은 이 다리를 보호해줄 수 없다. 왜냐면 하루에 몇백 척의 배가 통과할지 알 수 없고, 그 중 어느 배가 공신교 근처에서 마침 기계가 고장나거나 예기치 못한 충돌이 일어날 수도 있으니까. 내가 고향사람과 이 다리에 대해 이야기한 적이 있는데, 만일 이 다리가 무너진다면 그건 반드시 배에 부딪쳐서 무너진 거라고 했다. 지금 이 신호등을 설치해서 다리는 더 위험해졌다. 왜냐하면 배가 멈췄다가 출발할 때 세게 가속해야 해서 더 위험해졌다.

류 그건 정말 걱정되는 일이네. 그럼 당신이 보기에 어떻게 해야 하나?

지 시간 간격을 좀 줄여야 한다.

류 당신이 보기에 시간 간격을 어떻게 조종해야 합리적인가? 배를 타는 사람의 입장에서 뭐가 필요하다고 생각하나?

지 신호등은 지나치게 기계화되면 안 된다. 신호등 조정은 당직을 정해서 전문가에게 신호등 관리를 맡기고, 필요에 따라서 지나다니는 선박들을 그때그때 즉시 조정할 수 있게 해야 한다. 만일 다리 왼쪽은 비어 있고 오른쪽은 배가 꽉 차서 정박할 곳이 없으면, 당직자가 상황을 보고 정박할 곳이 없는 선박을 적당한 때 가게 하면 된다. 아니면 신호등 시간을 30분으로 조정하는 게 좀 더 낫다. 1시간은 너무 길다.

류   정부에 의견 내려면 구체적이어야 하고 상황 근거가 필요한데, 당신 이야기가 모호해서, 좀 더 구체적인 부분을 이야기해 주면 좋겠다.

지   내 생각에 신호등을 없애버리고 선박의 고주파 사용도를 강화해서 해사 부서가 조사하게 해야 하고, 배들마다 고주파 설비를 다 갖추게 해야 한다. 배들 다 이 설비 필요하다. 비싸지 않다. 배끼리 서로 통신할 수 있으면 충돌사고의 90%는 피할 수 있고, 우리 둘이서 서로 의사소통하면 당신도 천천히 가고 나도 천천히 갈 수 있잖나. 또 서로 어떻게 가고 있는지 확인할 수도 있잖나. 항주는 확실히 좋은 점이 있다. 항주의 정책들은 우리 고향보다 훨씬 낫다. 예를 들어 카드결제, GPS, 뉴스, 위챗페이 등 말이다. 운하 옆에 있는 삼리양三里洋 부두는 항로가 좀 좁다. 배는 점점 커지고 있는데 항로 등급은 배의 변화에 적응하지 못하고 있다. 예전엔 이 운하에서 300톤, 600톤짜리 배를 띄웠는데, 지금은 1천 톤 이상의 배가 지나다니고 배도 많다. 국가는 돈을 써서 선주들에게 보조금을 지급하고 이런 부두들을 옮기게 하고, 운하 주변에서 배가 못 다니게 하면 훨씬 나아질 거다. 아마 앞으로 점점 이런 부두들을 철거하겠지.

류 맞다. 지금 항로가 2개 있는데 나중엔 당신들은 이 길을 이용하지 않고 직접 전당강에서 가겠군. 여기는 세계문화유산 보호구역에 속하니까. 어느 날 정말 부딪쳐서 이 다리가 부서지면 어떡하나.

지 항주의 이 운하는 화물선이 안 다니고 유람선만 다닌다. 관광업은 지금보다 더 발전하겠지.

류 나도 그게 좋다고 생각한다.

지 나는 정부가 새 항로에 돈을 투자하고 운하 주변에 식당, 여관, 운하 관광을 만들어서 관광단지를 만들 것 같다. 항주 자체가 오래된 도시이고 산과 물이 좋은데다 서호 등 관광명소도 다 있으니, 이 운하를 관광지로 개발하면 수익이 클 것이고, 새 항로에 투자한 비용도 회수할 수 있을 거다. 그리고는 계속 수익낼 수 있을 거다.

류 관광업은 어떻게 해야 좋다고 생각하나?

지 소비를 할 수 있게 하는 거다. 예를 들어 다른 관광지에서 어떻게 관광객을 끌어들이는지 봐야 한다. 뭐든지 다 모방할 수 있으니까. 산도 옮겨올 수 있고. 인공산 만들 수 있잖나. 돌을 이용해서 산을 만드는데 항주에는 큰 돌덩어리가 많으니까 운하 연안에 산을 만들고 운하에는 유람선이 다니게 하는 거다. 기존 여객선은 너무 작아서 자본을 끌어들여야 한다. 내가 보기에 북성교부터 삼보갑문까지, 그리고 무림문까지는 이미 기본 골격이 갖춰져 있다. 무림문부터 삼보갑문 구간은 옛 운하 자취도 남아있다. 일단 배를 안 다니게 하고 전력을 다해서 무림문부터 삼보갑문까지 구간을 전면적으로 개조하면, 나중에 삼보갑문과 북성교는 관광단지가 될 거다. 그리고 삼보갑문은 배가 안 다니면 여행지로 만들 수 있는데, 왜냐면 삼보갑문은 조수潮水를 볼 수 있다는 점이 매력적이다. 물이 들어왔다가 솟구쳐 되돌아가는 걸 여기서만 볼 수 있다. 그런 조류는 굉장히 위험해서 매년 사람들이 조수 때문에 다치거나 죽기도 했고 차도 떠내려간 적 있다. 삼보갑문은 조수를 구경할 수 있는데, 갑문이 높아서 사람이 빠질까봐 걱정하지 않아도 된다. 그러니 전망대를 만들고 바닥에 유리를 까는 거다. 아래는 바로 물이고 얼마나 좋나. 강화유리 깔고 거기서 먹고 마시면서 조수를 볼 수 있으면 특별한 곳이 될 거다.

류 지금 항주시 정부는 운하 관광업을 발전시켜서 황금관광노선을 만들려 하고 있다. 그런데 운하가 세계문화유산이 되고 나서는 관광업을 발전시키기 어렵다. 그 몇 척의 배로 사람들을 당서塘栖까지 가게 하는데 80위안, 120위안을 받는다. 이렇게 비싸게 돈을 받으면 절대 발전 못 한다. 우리 같은 사람들이나 입장료 사는 거지, 절대로 그렇게 해서는 사람들 많이 안 온다.

지 만일 입장료를 너무 받으려 하면 관광업 못 한다. 망한다. 사람들이 여기 와서 놀 때 다른 돈을 안 쓰겠나? 사실 유람선을 무료로 운행할 수도 있다. 관광객들이 와서 소비를 할 거니까. 운하에서 작은 배를 운영하는 데 드는 돈은 다른 소비에서 충분히 충당할 수 있다. 내가 부인에게 이런 이야기를 했는데, 우리 고향이 안휘 지급시地級市 호주亳州인데 별로 잘 사는 곳 아니지만 돈이 있으면 황제처럼 살 수 있는 곳이다. 뉴욕이

건 북경이건 상해건 돈 없으면 즐겁지도 않고 재미도 없다. 삶의 즐거움이 없으니까. 놀러 나가서 보기만 하고 돈을 안 쓸 거면 돈을 벌 의미가 없지. 다들 나갈 땐 돈쓸 마음으로 나가는 거다. 그러니까 그 돈을 쓰게 만들어야지.

류 설사 배타면서 돈을 안 쓰더라도, 하루종일 구경하면서 밥도 먹어야 하고 물도 마셔야 하니까, 만일 항주에서 하루 머문다면 호텔에서도 반드시 묵을 것 아닌가.

지 그리고 관광객이 오면 뱃값만 받는 게 아니고, 운하에서 즐길 것들 개발해내는 게 좋다.

류 그리고 어떤 관광객들은 당신들 보면서 굉장히 궁금해할 거다. 지금 화물 운송과 유람선이 연결되어 있잖나? 지금 이렇

게 배를 모는 선민들이 뭐하는 사람들인지 궁금할 거고, 관광객들이 여러분을 참관할 수 있게 허락해주면, 예를 들어 배에 타서 돈 드리고 배에서 둘러보고 그러면 굉장히 좋아할 것 같다.

지 그건 필요 없다. 우리가 상해에서도 관광객들 만났을 때 그들이 배에 올라와서 구경했고, 어떤 여성은 여기저기 앉거나 서서 맘대로 사진 찍었어도 우리는 돈 안 받았다. 선민은 순박해서, 육지 사람들처럼 그렇게 이기적이지 않다. 우리 고향에는 '선민이 육지에 가면 끝이다'라는 말이 있다.

　이 책은 절강浙江대학 류자오후이 교수가 2015년부터 2018년까지 4년 동안 중국의 대운하에 살고 있는 선민들에 대해 수행한 조사연구 내용이다. 중국에서는 아직 공식적으로 출간되지 않았지만 우리가 먼저 번역 출간하는 것은 류 교수와 다년간 중국의 촌락들에 대해 공동 조사연구를 수행하면서 형성된 신뢰를 바탕으로 한 것이다.

　류자오후이 교수와 우리는 인천대 중국학술원 중국·화교문화연구소의 기획으로 중국 절강지역 농촌에 대한 다년간의 공동 조사연구를 통해 『경독耕讀: 중국 촌락의 쇠퇴와 재건』 책을 함께 써서 출간한 바 있고, 운남대학 왕위에핑 교수와 다함께 운남 국경 지역 촌락들에 대한 조사연구를 함께 수행하며 많은 토론을 해 왔다. 류 교수가 운하 선민에 대한 조사연구를 수행한 기간은 바로 우리가 절강 농촌과 운남 변경지대에 대한 공동 조사연구를 수행한 기간과 겹치기에, 우리는 절강과 운남 지역에서 함께 현지조사를 수행하면서 운하 선민에 대해서도 많은 이야기를 나누었다.

　사실 운하 조사에 대해 류 교수와 우리가 논의한 것은 운남 조사보다 더 먼저 시작되었다. 2014년 10월 절강 농촌 조사를 위해 역자들

232

중 장정아와 안치영이 중국 항주를 방문했을 때, 당시 운하 조사 계획을 구상하고 있던 류 교수가 운하 방문을 제안하여 우리는 함께 운하를 방문하여 여러 가지 토론을 함께 했다. 그렇지만 당시에는 2015년부터 시작된 우리 연구소의 인문한국사업 3단계의 주요 연구 대상이 접경지역이었기 때문에 운남 접경지역에 중심을 두는 방향으로 하고, 운하에 대해서는 본격적 공동 조사연구는 유보할 수밖에 없었다. 언어 문제 그리고 본서에서 언급하고 있는 조사 환경 문제 등으로 인해 운하 선민에 대한 외국인의 조사 동행이 어렵다는 점도 고려했다.

대운하는 역사적으로 중화 제국을 유지시켜 온 대동맥으로 현대의 고속철도 혹은 초고속 정보통신망에 비견되는 기간 물류 교통망이었다. 국내에 출간된 조영헌의 저서 『대운하와 중국 상인: 회·양 지역 휘주 상인 성장사, 1415-1784』는 대운하가 국가 물류의 핵심으로 자리잡아간 과정 그리고 대운하를 둘러싼 중국의 정치경제사회적 요인에 대응하며 휘주 상인이 성장한 과정에 대해 보여주고 있다. 강이 서에서 동으로 흐르는 중국에서 남북을 잇는 대운하가 없었다면 거대한 중앙집권적 통일 제국인 중화 제국의 존속은 불가능했을지도 모른다. 그렇지만 대운하 건설은 만리장성과 더불어 중국 역사에서 대규모 토목건설 상징이자 분열된 중국을 통일한 진 제국과 수 제국이 망하게 한 원인으로 여겨진다. 바로 진 제국과 수 제국을 망하게 하였던 대운하 건설이 한 제국과 당 제국 번영의 기초였다는 것은 역사적 아이러니다.

근대 이후 철도와 해운이 등장하면서 운하는 쇠락하였고 운하는 물류의 중심에서 낙오되었을 뿐만 아니라 사람들의 관심에서도 멀어졌다. 운하가 다시 사람들의 관심을 받기 시작한 것은 2014년 세계문화유산에 등재되면서부터이다. 2014년 우리가 방문한 운하는 하도는 남아 있었지만 기능에는 많은 변화가 있었다. 세계문화유산 등재와 더불어 관광 기능이 본격적으로 활성화되기 시작한 것이 그 변화 중 하나라면, 대운하가 물류 운송로가 아니라 중국의 북부지역의 물 부족 문제를 해결하기 위해 남쪽 물을 북경과 천진 등 북쪽의 대도시로 흘려보내는 남수북조南水北調의 수로로 기능을 바꾼 것이 또다른 변화다.

운하가 물류의 대동맥이었던 과거의 번영은 사라지고, 이제 일부 화물선이 다니기는 하지만 값싸고 무거운 건축 자재 운송만이 과거의 명맥을 유지하고 있었다. 그리고 그들 배에는 아직도 배에서 생활하는 선민들이 있다고 했다. 류 교수의 이 책은 바로 그들의 땀내어린 삶을 함께 하며 연구한 것이다. 선민들은 이제는 잊혀진 집단에 지나지 않을지 모르지만 중국의 한 모퉁이에서 여전히 살아 있는 사람들이요, 근대화와 혁명 속 변화를 겪었지만 이제 사라져 가는 역사의 기억을 품은 '살아있는 화석'이기도 하다. 이 책이 온몸으로 역사를 살아낸 중국 사람들의 삶에 대한 이해에 도움이 되기를 충심으로 바란다.

이 책에 나오는 지명은 가독성을 높이기 위해 한국어 한자음으로 표기했고, 인명은 현대인은 중국어 발음에 따라 표기하고 역사 속 인물은 한국어 한자음으로 표기했다. 이 책에 실린 사진들은 賈傳軍와 안치영이 현지에서 찍은 것이다. 중국학술원 중국·화교문화연구소 인문한국사업단 보조원으로 일하며 이 책 본문에 나오는 지도와 그림 작업을 함께 해준 인천대학교 학생 조인경과 이승현, 중

234

국·화교문화연구소에서 출판과 행정 관련 수많은 일을 해주시는 김난희 선생님, 그리고 인터북스 출판사 비롯한 모든 분의 노고에 감사드린다.

역자를 대표하여 장정아, 안치영 씀

지은이 소개

류자오후이劉朝暉

중국 절강浙江대학교 사회학과 교수, 문화인류학 전공. 절강대 무형문화유산연구중심非物質文化遺産研究中心 비서장祕書長 겸임. 촌락사회와 사구社區 발전에 대해 연구하고 있다. 주요 논문으로「誰的遺産?: 商業化, 生活態與非遺保護的專屬權困境」,「文化景觀帶再生産: 浙江古道休閑文化旅遊研究」,「村落保護的空間規劃與文化價値重構」,「耕讀分家: 理解村落社會變遷的新視角」,「'被再造的'中國大運河: 遺産話語背景下的地方曆史, 文化符號與國家權力」,「Searching for a lost aura: a Naxi Dongba's spatial practices and space remaking in touristic commoditization」,「遺産保護的'擧國體制'與社會參與: 從觀念更新到行動邏輯」(공저),「Air Pollution and Grassroots Echoes of 'Ecological Civilization' in Rural China」(공저),「The Hidden Hazard of Household Air Pollution in Rural China」(공저) 등이 있다.

옮긴이 소개

장정아張禎娥

인천대학교 중국학술원 중국·화교문화연구소장, 인천대학교 중어중국학과 교수. 국가와 국경의 의미에 관심을 가지고 중국 본토와 홍콩을 오가며 연구하고 있다. 저서(공저)로『Intangible Cultural Heritage in Contemporary China』,『국경 마을에서 본 국가: 중국 윈난성 접경지역 촌락의 민족지』,『민간중국: 21세기 중국인의 조각보』,『경독耕讀: 중국 촌락의 쇠퇴와 재건』,『여성연구자, 선을 넘다』,『도시로 읽는 현대중국』2,『중국 관행연구의 이론과 재구성』, 편저로『중국의 안과 밖: 중국적 표준과 세계질서』 등이 있다.

안치영安致穎

인천대학교 중국학술원 원장, 인천대학교 중어중국학과 교수. 중국공산당의 권력구조와 승계제도 및 후계자 양성체계, 그리고 중국의 접경지역에 대한 연구를 하고

있다. 저서로『덩샤오핑 시대의 탄생』, 『중국공산당 100년의 변천: 1921-2021』(공저),
『중국 근현대사 강의』(공저), 『중국의 민주주의』(공저), 『중국 민간조직 정책문건』
(공저), 『경독耕讀: 중국 촌락의 쇠퇴와 전개』(공저), 『국경 마을에서 본 국가: 중국
윈난성 접경지역 촌락의 민족지』(공저), 역서로『고뇌하는 중국』(공역) 등이 있다.

황옌黃彦

인천대학교 중국학과 박사 수료. 인천연구원 초빙연구원. 중국의 해양문화 정책과
전략, 중국의 대對 아세안 문화정책에 대해 연구하고 있다. 석사학위 논문으로 『중
국 갑오전쟁박물관의 애국주의 교육에 관한 연구』가 있다.

리페이李沛

인천대학교 중국학과 박사 수료. 한국과 중국의 농촌사회 변천의 이론과 실천에
대해 연구하고 있고, 현재 한·중의 농업·농촌 정책 변화에 대해 생산주의-탈생산
주의 전환 모델을 중심으로 박사학위논문을 집필 중이다. 역서로『경독耕讀: 중국
촌락의 쇠퇴와 재건』공역, 논문으로 「중국 향토재건鄕土重建의 이론과 실천: 링왕
촌(嶺王村)의 사례를 중심으로」가 있다.

이용운李龍雲

서울대학교 동양사학과 박사 수료. 중화민국 전반기의 정치와 혁명운동에 대한
연구를 하고 있다. 역서로『세계사 속의 러시아혁명』(공역), 논문으로 「쑨원의 두
갈래 노선과 당치이론의 발전」, 「쑨원의 러시아 10월 혁명 인식과 국민당 개조」가
있으며, 현재『민국 전기 입헌주의적 합의와 중국의 근대국가 건설』이라는 제목의
박사학위 논문을 집필 중이다.

쉐거薛戈

중국 산동대학교 조교수. 서울대 동양사학과 박사학위 논문으로 『홍무 초기
(1368-1374) 명 - 고려 외교 관계의 연구』가 있으며, 공역서로 『명나라의 임진전쟁』
1~5권이 있다.

중국관행연구총서 22

중국 운하에서 살아가기

선민船民의 삶과 인지체계

2022. 5. 20. 1판 1쇄 인쇄
2022. 5. 31. 1판 1쇄 발행

지은이 류자오후이劉朝輝
옮긴이 장정아·안치영·황옌·리페이·이용운·쉐거
기 획 인천대학교 중국학술원 중국·화교문화연구소

발행인 김미화 **발행처** 인터북스
주소 경기도 고양시 덕양구 통일로 140 삼송테크노밸리 A동 B224
전화 02.356.9903 **이메일** interbooks@naver.com **출판등록** 제2008-000040호
ISBN 978-89-94138-81-7 94910 / 978-89-94138-55-8(세트) **정가** 17,000원